Als wolle er noch immer die Bevölkerung beschützen, erhebt sich seit dem 14. Jh. der Galata-Turm als trutziges Relikt genuesischer Händler über dem Ufer des Goldenen Horns. Von seiner Aussichtsplattform hat man den schönsten Blick auf die berühmte Silhouette des historischen Zentrums, über das Marmarameer und den Bosporus. Zu seinen Füßen pulsiert das moderne Leben. Wie kein anderes Monument versinnbildlicht er den Kontrast zwischen Gestern und Heute in einer Stadt, die nicht gerade arm an Gegensätzen ist.

Erste Orientierung

Überblick

In **Sultanahmet** (▶ H/J 6/7) schlägt das Herz Istanbuls. Im historischen Zentrum der Macht wird die Vergangenheit lebendig und atmet den Geist einer wechselvollen Geschichte: Die Hagia Sophia und ihre Mosaiken, die Blaue Moschee mit ihren sechs Minaretten, das ehemalige Hippodrom als grüne Parkanlage und der sagenhafte Topkapı Sarayı mit dem Harem sind die absoluten Höhepunkte eines jeden Istanbul-Besuchs. Die Straßenbahn fährt übrigens auf einer Trasse, die mit dem **Divan Yolu** identisch ist, der großen Ost-West-Achse der Stadt aus osmanischer Zeit, die ihrerseits auf die byzantinische, arkadengesäumte **Mese** zurückgeht. Von hier aus führten anfänglich noch alle Wege nach Rom – später oft nur noch bis zur Landmauer.

Basarviertel und Fener

Seit der Antike schon ist **Beyazıt** (▶ F/G 6), benannt nach Sultan Beyazıt II., das Zentrum des städtischen Handels. Auf den Resten des spätantiken Forums von Kaiser Theodosius II. errichtete man den ersten Sultanspalast. Hier befinden sich heute die Universität und der **Große Basar** mit einem schier unüberschaubaren Labyrinth von Gassen und Läden. Der Divan Yolu (nun Ordu Caddesi) führt von Beyazıt Richtung Westen weiter in den Stadtteil **Aksaray** (▶ D/E 6). Bereits kurz nach der Eroberung Konstantinopels ließ Sultan Mehmet II. Fatih an zentraler Stelle Bewohner aus der anatolischen Stadt gleichen Namens ansiedeln. Aksaray ist bis heute ein wichtiger Verteiler für den Stadtverkehr mit zahlreichen preiswerten Hotels. In den nordwestlich anschließenden konservativ geprägten Vierteln **Fener** und **Balat** (▶ D/E 3) siedelten einstmals Griechen, Juden und Muslime Haus an Haus. Typisch für diese immer noch dorfähnlich anmutenden Strukturen sind die traditionellen, weitgehend erdbebensicheren Holzwohnhäuser, die, jahrzehntelang vernachlässigt, mittlerweile wieder geschätzt und restauriert werden. Im teilweise tiefreligiösen Nachbarbezirk **Fatih** (▶ E 5) liegen als Sehenswürdigkeiten die Fatih Camii und das Kariye Müzesi (Kirche des Chora-Klosters).

Mit der Straßenbahn geht es auf der Ordu Caddesi in die Gegenrichtung zum Goldenen Horn und an den Bosporus nach **Eminönü** (▶ G/H 5): Das Viertel ist seit dem Bau des historischen Bahnhofs Sirkeci (1890) einer der wichtigsten Verkehrsknotenpunkte der Stadt. Fähren, Züge, Straßenbahnen, Busse und Taxis transportieren täglich Hunderttausende von Fahrgästen. Am Ufer wird von schwankenden Booten aus frischer gegrillter Fisch angeboten. In Eminönü liegt hinter der markanten Yeni (Valide) Camii auch der Eingang zum Ägyptischen Basar.

Beyoğlu

Über die moderne Galata-Brücke ist es nur ein Katzensprung nach **Beyoğlu** (▶ H/J 2). Der stark westlich geprägte Teil der Stadt erstreckt sich von den Vierteln rund um den höher gelegenen Taksim-Platz bis hinunter zum Galata-Turm. In Beyoğlu mit seinen stimmungsvollen Vierteln **Çukurcuma, Cihangir** und **Galata** (früher auch griechisch Pera genannt) kann man heute in zahlreichen Geschäften – vom Trödelladen bis zum Designershop – seinen Kaufgelüsten frönen oder einfach nur die Fassaden im Stilmix der Zeit um 1900 auf der Haupteinkaufsstraße, der İstiklal Caddesi, bewundern.

Außenbezirke im Norden

Mit der Metro ist es vom Taksim-Platz nicht weit nach **Nişantaşı:** Viertel der Reichen und Schönen. Wer es sich leisten kann, kauft hier seine Anzüge bei Armani und seine Schuhe bei Prada, wer nicht, schaut sich einfach nur um. Gerade an Wochenenden ist es hier auf den Einkaufsstraßen proppenvoll. Weiter nördlich liegen die durch Hochhäuser in Stahl und Glas geprägten Büroviertel **Levent** und **Maslak,** in denen man in schicken Hochhausneubauten exklusiv wohnt – bei astronomisch hohen Mietpreisen. Nobel geht es hier zu: Teure Restaurants, extravagante Diskotheken und die großen Shoppingmalls wie das Kanyon, Metrocity oder das Akmerkez laden zum Geldausgeben ein.

Östlich dieser auf einem Höhenrücken gelegenen Büroviertel fällt das ebenfalls meist dicht bebaute Terrain zum Wasser hin ab: Der **Bosporus** mit seinen Anrainerdörfern ist seit alters her die wichtige Wasserstraße vom Marmarameer ins Schwarze Meer und damit in den russisch-kaukasischen Wirtschaftsraum. Hier liegen am Ufer u. a. **Ortaköy** mit buntem Nachtleben, **Arnavutköy** oder **Tarabya** mit immer noch dörflich geprägten Siedlungsstrukturen (s. S. 63)

In Asien: Üsküdar und Kadıköy

Üsküdar (▶ Karte 5), das frühere Skutari, liegt auf der asiatischen Seite Istanbuls. Diese galt lange Zeit als nicht besonders attraktiv. Schon das antike Orakel von Delphi bescheinigte den Bewohnern, sie lebten in der »Stadt der Blinden«, da sie die strategisch günstige Lage der Landzunge des heutigen Istanbul übersehen hätten.

Weiter südlich breitet sich **Kadıköy,** das antike Chalcedon (▶ Karte 6, C 3) am Marmarameer aus. Die Altstadt gegenüber dem Fähranleger lockt mit Mode- und Designläden internationalen Zuschnitts. Die positive Entwicklung der asiatischen Seite ist auch architektonisch unübersehbar: So ist das Şükrü-Saracoğlu-Stadion, Heimat des bekannten Vereins Fenerbahçe, nach umfangreichen Umbauten wieder Pilgerstätte für Fußballbegeisterte.

Saftverkäufer vor der Sultan-Ahmet-Moschee

Mythos Istanbul – Zwischen Orient und Okzident

Eine moderne Millionenstadt als ihr eigener, allerdings höchst lebendiger Mythos: Die märchenhafte Silhouette Istanbuls auf der keilförmigen und strategisch günstigen Landzunge zwischen Goldenem Horn und Marmarameer mit ihren unzähligen Kuppeln und Minaretten, die sich aus dem Gewirr der Häuser und Gassen gegen den Himmel abzeichnen, ist von außergewöhnlicher Schönheit und überwältigt auch heute noch den Neuankömmling.

Schon in der byzantinischen Zeit mythenumwoben, geriet Istanbul erst recht nach der Eroberung durch die Osmanen 1453 zur Projektionsfläche für mannigfaltige exotische Sehnsüchte. Wasserpfeife rauchende Türken, verführerische Haremsdamen, grausame Wesire: In den Wunschwelten des europäischen »Orientalismus« im 19. Jh., der künstlerischen wie literarischen Sicht auf den Orient, fand dieser Prozess der Vereinnahmung des ›Fremden‹ und ›Andersartigen‹ seinen Höhepunkt, der aber immer noch in die Gegenwart hineinragt.

Die Stadt lebt und wirbt ganz bewusst selber mit ihrer langen Tradition und präsentiert sich auch heute noch als ein Schmelztiegel der Kulturen von fast magischer Anziehungskraft. Das Zentrum ist nicht nur ein weitläufiges Freilichtmuseum, sondern überrascht durch seine lebendige Vielfalt und emsige Geschäftigkeit. Diese farbige Kulisse im Wechselspiel von Alt und Neu lädt den Besucher zu immer neuen Streifzügen ein. An fast allen Orten ist Geschichte hautnah greifbar und gerät zu einer spannenden Begegnung mit einer immer traditionsbewussten Gegenwart.

Istanbul ist zu Beginn des 21. Jh. eine moderne Metropole europäischen Zuschnitts an der Nahtstelle zwischen zwei Kontinenten – eine Megastadt, deren Bewohner mit zahlreichen, scheinbar unauflöslichen Widersprüchen zu leben verstehen und in der die Kluft zwischen Arm und Reich ständig größer wird. Frömmigkeit und Laizismus, schicke Einkaufszentren und Straßenhändler, Fast Food und osmanische Sultansküche, Internetcafé und Teehaus, traditionelle Musik und Türk-Pop – gerade das intensive Erleben dieser Gegensätze macht für den Reisenden den ganz besonderen Reiz der pulsierenden Bosporusmetropole aus.

Istanbul versus Ankara

Auch wenn die Politik im fernen Ankara gemacht wird: Istanbul ist als größte Stadt der Türkei nicht nur das kulturelle, sondern auch das wirtschaftliche Herz der Türkei: Etwa 38 % aller industriellen Fertigungsbetriebe sind in Istanbul beziehungsweise in der angrenzenden Marmara-Region angesiedelt, zahlreiche Firmen, Versicherungen, Banken und andere Dienstleister erwirtschaften im Großraum Istanbul 40 % des Bruttoinlandsprodukts. Auch die türkische Presse und andere Medien sind am Bosporus konzentriert. Die immer weiter fortschreitende Ansiedlung etwa von Schwerindustrie, Schiffswerften und Betrieben der chemisch-pharmazeutischen Industrie hat neben dem gigantischen Verkehrsaufkommen auch negative Folgen für die Umwelt. Eine emissionsschutzverträgliche Entwicklung ist leider nicht in Sicht. Zur Verschmutzung von Luft und Boden kommt die nicht unerhebliche Wasserverunreinigung von Bosporus und Marmarameer, die auch das Baden an vielen Stränden nicht ratsam erscheinen lässt. Immerhin werden Gegenmaßnahmen wie z. B. die Einrichtung zusätzlicher Kläranlagen und strengere Ahndung der Verklappung von Abfällen auch im Hinblick auf den erwarteten EU-Beitritt vorangetrieben.

Eine Stadt und viele Ethnien

Einheit in der Vielfalt? Istanbul, die Büyükşehir Belediyesi (Großstadtkommune) ist nicht eine Stadt – Istanbul besteht seit der Verwaltungsreform von 2008 aus 39 unabhängigen Verwaltungsbezirken mit jeweils eigenen Bürgermeistern, die wiederum einem Oberbürgermeister unterstellt sind. Auch wenn die Mehrzahl der Wohnbevölkerung in diesen Bezirken türkisch ist, stößt man immer wieder auf die unterschiedlichsten ethnischen wie kulturellen Traditionen. In Beyoğlu – außerhalb des alten Kerngebietes von Konstantinopel – errichteten z. B. schon im Mittelalter genuesische Kaufleute ihre eigene Handelskolonie, und sephardische Juden aus Spanien fanden auf der Flucht vor Verfolgung jenseits des Goldenen Horns eine neue Heimat.

Bedingt durch die wechselvolle Geschichte Istanbuls leben auch heute noch zahlreiche Minderheiten in der Stadt. Aufgrund der religiösen Toleranz der Sultane konnten sie jahrhundertelang ihre kulturelle Identität weitgehend bewahren. Allerdings setzten eine durch Atatürk stark geförderte Politik der Assimilierung und der Wille nach einem einheitlichen Staatswesen den Autonomiebestrebungen etwa der kurdischen Bevölkerungsteile immer wieder enge Grenzen – die sich heute im Zuge der Annäherung an die EU mehr und mehr auflösen. Die verbliebenen Armenier und Griechen, deren Patriar-

Stadt zwischen zwei Ufern – Traumblick vom Teegarten im Gülhane-Park

chen in der Stadt ihren jeweiligen Amtssitz haben, sammeln sich in besonderen
Vierteln, betreiben eigene Schulen und
Gotteshäuser. Die Generation der Kinder und Enkel beginnt jedoch, sich immer stärker mit der modernen Türkei zu
identifizieren und an sie anzupassen.

Über Nacht gebaut

Das Erscheinungsbild Istanbuls wandelt
sich vor allem an den Rändern stetig.
Durch Zuwanderer und Armutsflüchtlin-
ge aus dem Ostteil des Landes steigt
die Einwohnerzahl jedes Jahr weiter an.
Nach offizieller Zählung ist von fast
14 200 000 Einwohnern die Rede
(2013), tatsächlich dürfte die Einwohnerzahl aber weitaus höher liegen. In
den europäischen wie asiatischen Vor-
orten wucherten bis vor Kurzem die *gecekondu* (über Nacht gebaute Hütten),
die keinerlei baurechtlichen Vorgaben
folgen. Dabei sollte bei allen städtebaulichen Problemen aber nicht übersehen werden, dass die *gecekondu*
auch ein bewährtes System zur Schaf-

fung von Wohnraum darstellen. Mig-
ranten aus Anatolien nehmen einen Ort
in Besitz und schaffen neue soziale
Netzwerke innerhalb eines bestehenden Ordnungssystems, ohne ihre spezi-
fische Lebensart aufzugeben.

Die ehemaligen Bauern und Tagelöh-
ner ohne geringste Ausbildung, die sich
dort ansiedeln, haben allerdings auf
dem Istanbuler Arbeitsmarkt kaum
Chancen. Seit einigen Jahren werden
diese Viertel eingeebnet, die Bewohner
in schnell und billig hochgezogene Tra-
bantenstädte umgesiedelt.

Stadtplanung als Verkehrsplanung

In regelmäßigen Abständen gibt es umfassende Vorschläge, wie städtebauli-
che Problemfelder entschärft werden
können. Die Staatliche Wohnungsbau-
verwaltung (TOKI) versucht seit einigen
Jahren verstärkt, in den Ballungsräu-
men bezahlbaren und internationalen
Standards entsprechenden Wohnraum
für Familien anzubieten, um Spekulan-

In der Nevizade Sokağı in Beyoğlu trifft sich die hippe Jugend der Stadt

Leben mit dem Beben

Noch bis ins letzte Jahrhundert hinein wurde ein Großteil der Häuser Istanbuls aus Holz gebaut. Aus gutem Grund: Nur 20 km südlich von Istanbul, im Marmarameer, verläuft eine tektonische ›Sollbruchstelle‹, die der Stadt in der Vergangenheit regelmäßig Probleme bereitet hat. Steinerne Bauten wurden durch die heftigen Erdstöße immer wieder in Mitleidenschaft gezogen – in den flexiblen Holzhäusern fiel höchstens mal das Eingemachte aus dem Regal. Heute sind Schätzungen zufolge mehr als 80 % der Gebäude ohne Baugenehmigung und – besonders pfiffig – sogar ohne statische Berechnungen errichtet. Viele der ›legalen‹ Gebäude sind ebenfalls nicht erdbebensicher … und mit dem nächsten Erdstoß rechnen Geologen innerhalb der nächsten 20 Jahre. Wann genau er kommt, kann natürlich niemand sagen.

Die Vereinten Nationen haben bereits prognostiziert, dass bei einem schweren Beben in keiner Stadt der Welt so viele Menschen ums Leben kommen werden wie in Istanbul. Also bereitet man sich vor: Helm und Taschenlampe liegen heute genauso selbstverständlich auf dem Nachttisch wie der Wecker. Die Kleinsten werden in Schulen auf den Ernstfall vorbereitet. Es gibt sogar eigens geschulte Erdbebenlehrer, bei denen man in einem Bebensimulator schon mal die optimale Körperhaltung bei Katastrophenfällen üben kann.

ten keinen Raum zu geben. Oft sind Masterpläne zur Infrastruktur neuer Viertel jedoch schon zum Zeitpunkt ihres Erscheinens überholt. Stadtplanung ist in Istanbul eben immer auch Chaosmanagement mit einem hohen Anteil an Improvisation.

Die Verkehrsplanung ist dabei ein vorrangiges Arbeitsfeld: Nicht nur zur Hauptverkehrszeit ziehen sich endlose Autoschlangen durch das Gewirr der Straßen und Gassen. Immerhin erkennt man zunehmend die entlastende Bedeutung eines innerstädtischen Schienenverkehrs, der stauunabhängig Personen befördern kann. Für die internationale Anbindung sorgen mittlerweile zwei große Flughäfen: der Atatürk-Flughafen im europäischen Teil und der Sabiha-Gökçen-Flughafen auf der asiatischen Seite. Im Mai 2014 wurde mit dem Bau eines dritten Flughafens nahe dem Schwarzen Meer weit im Norden der Stadt auf der europäischen Seite

begonnen, 2017 soll er in Betrieb gehen.

Bei der autogerechten Stadtentwicklung spielten und spielen vor allem die Ringautobahnen eine große Rolle. Mit jedem Ring wuchs die Stadt bis an ihre neuen Grenzen und darüber hinaus: Die West-Ost-Ausdehnung Istanbuls entlang dem Marmarameer beträgt inzwischen über 80 km – und ein Ende der Expansion ist noch nicht in Sicht: Seit Mai 2013 wird an einer dritten Bosporusbrücke im Norden der Meerenge gebaut, ab Mai 2015 sollen Fahrzeuge über Schiene und Straße rollen. Bereits im 19. Jh. träumten französische Ingenieure von einer Tunnelunterquerung des Bosporus: Marmaray nennt sich das Projekt zur Lösung interkontinentaler Verkehrsprobleme, das mit Milliardenbeträgen japanischer und europäischer Investoren finanziert wurde. Von Gebze auf der asiatischen Seite bis nach Halkalı am europäischen Ufer soll eine

Daten und Fakten

Stadtgründung: 660 v. Chr. als Byzantion
Einwohner: Offiziell leben in Istanbul nach Erhebungen der letzten Volkszählung ca. 13,6 Mio. Menschen. In Wirklichkeit dürfte die Stadt aber viel mehr Einwohner haben. Man spricht von 15–17 Mio.
Größe: 5712 km^2
Zeitzone: Osteuropäische Zeit mit EU-Sommerzeit. Istanbul ist gegenüber Mitteleuropa ganzjährig eine Stunde voraus.
Religion: Ca. 98 % der Einwohner sind Muslime, kleine Minderheiten stellen griechisch-orthodoxe und armenische Christen, Juden, Katholiken und Protestanten.
Verwaltungsstruktur: Das Stadtgebiet ist in 39 Verwaltungsbezirke mit jeweils eigenem Bürgermeister eingeteilt. An der Spitze der Verwaltung steht ein Oberbürgermeister. Amtsinhaber seit 2004 ist Kadir Topbaş von der AKP.
Wirtschaft: Istanbul ist Handels-, Banken- und Verkehrszentrum des Landes; wichtigste Wirtschaftszweige sind die Textil- und Lederindustrie, gefolgt von der Glas- und Keramikproduktion. Mehr als ein Drittel des türkischen Bruttoinlandsprodukts wird allein in Istanbul erwirtschaftet.

76 km lange Schnellbahnstrecke führen. Die Tunnelröhren unter dem Bosporus sind allein 13 km lang und liegen in 56 m Tiefe. Sie müssen nicht nur starken Strömungen widerstehen können, sondern zudem noch erdbebensicher sein. Seit 2013 rollen die ersten Züge, die historischen Kopfbahnhöfe in Sirkeci und Haydarpaşa haben dadurch ihre Funktion verloren.

Das Gesicht der Stadt bewahren

Es ist atemberaubend: Gestern noch ein heruntergekommener dunkler Durchgang mit streunenden Hunden, heute schon eine Prachtgasse mit frisch verputzten Fassaden und mindestens einer schicken Tagesbar. Bei den rasanten Veränderungen im Stadtbild Beyoğlus, die in Galata, Çukurcuma und Cihangir Züge einer Gentrifizierung (Vertreibung der Stammbevölkerung durch steigende Preise) angenommen haben, kommen selbst Einheimische kaum noch mit. Ganze historische Straßenzüge aus dem

späten 19. und frühen 20. Jh. werden aufgekauft und komplett aufgehübscht.

Neben einem ästhetischen und denkmalpflegerischen Mehrwert, den vor allem Touristen bei ihren Streifzügen zu schätzen wissen, hat das Ganze auch seine Schattenseiten, gegen die sich immer mehr Protest von Bürgerinitiativen regt. Es ist wie in Berlin, Hamburg, München: die alt eingesessene Bevölkerung wird durch die neuen, weitaus höheren Mietpreise vertrieben und muss Platz machen für die, die es sich leisten können: Junge und finanzstarke Istanbuler, die ein Leben in gewachsenen, aber sanierten Strukturen zu schätzen wissen und bereit sind, dafür einiges zu bezahlen.

Dass man mit dem historischen Erbe auch anders umgehen kann, beweist das »Museum der Unschuld« von Orhan Pamuk. Hier geht es, angeregt durch die Idee eines »Musée sentimentale«, zwischen Setzkastenidylle und Messie-Syndrom um eine gelebte Erinnerungskultur und eine unerfüllte Liebe im Istanbul der 1970er-Jahre, die der Schriftsteller bereits im gleichnamigen Roman (2008) beschrieben hat. In einem von Pamuk erworbenen alten Haus in Çukurcuma (einem Viertel Beyoğlus), das von den deutschen Architekten Sunder & Plassmann umgebaut und museal eingerichtet wurde, findet sich jedes der 83 Buchkapitel wieder. Unzählige Alltagsobjekte, Memorabilia und Geräusche verdichten sich so zu einem Museum der Erinnerungen und Empfindungen und lassen die Stadtgeschichte und Alltagskultur Istanbuls wieder auferstehen.

Identität via Logo

Was früher die Tuğra, die kalligraphisch ausgeführten Namenszüge der Sultane war, deren Entfernung von öffentlichen Gebäuden 1927 angeordnet wurde, übernahm als identitätsstiftendes Symbol aller Türken die Fahne mit Halbmond und Stern auf rotem Grund, die 1936 zur Nationalflagge erhoben wurde, aber bereits auf osmanische Vorbilder zurückgeht. Wie aber Istanbul nach dem Ende des Osmanischen Reiches wirkungsvoll darstellen?

1969 wurde ein Design-Wettbewerb ausgerufen, um die vielgesichtige Stadt am Bosporus wenigstens emblematisch zu fassen. Der untere Teil des Wappens nach Entwurf von Metin Edremit spielt

Stadtwappen von Istanbul

auf die Lage der Stadt am Bosporus an, der den europäischen vom asiatischen Teil trennt. Die historischen Verteidigungsanlagen, die die Stadt einst schützten, sind in Form von stilisierten Wehrmauern mit Zinnen erkennbar. Die vier Kuppeln und vier Minarette in der Mitte des Emblems verweisen auf die Silhouette Istanbuls mit ihren Moscheen, die weißen Dreiecke erinnern an eine Stadtgründungslegende: Deren Siebenzahl verweist auf die sieben Hügel, auf denen Konstantinopel wie das antike Rom einst erbaut worden sein soll.

Vorsicht Fälschung

Die Versuchung ist groß. Lacoste, Diesel, G-Star – all die schönen Markenartikel, die man sich immer schon mal leisten wollte. Und dann auch noch zu einem Bruchteil des Originalpreises. Ab jetzt muss jedem klar sein: Es sind Imitate und häufig machen die Händler nicht mal einen Hehl daraus. Mal ganz abgesehen von der Qualität der Produkte: Bei der Rückreise ins Heimatland kann es am Zoll zu unangenehmen Überraschungen kommen. Bei Markenpiraterie versteht man inzwischen keinen Spaß mehr. Die nachgebauten Parfüms, die gerne von fliegenden Händlern angeboten werden, sind jedoch uneingeschränkt zu empfehlen … als Insektizid!

Geschichte, Gegenwart, Zukunft

Anfänge und frühbyzantinische Zeit

Die griechischen Megarer gründen 660 v. Chr. auf der Anhöhe des heutigen Topkapı Sarayı die Kolonie Byzantion, bald eine wichtige Station des Schwarzmeerhandels. 195 n. Chr. erobert Kaiser Septimius Severus nach Thronstreitigkeiten Byzantion und vergrößert das Stadtgebiet erheblich.

Der römische Kaiser Konstantin macht 330 n. Chr. Byzantion, seither Konstantinopel genannt, zur Hauptstadt des Reichs. Nachdem das Christentum 380 zur Staatsreligion erhoben wurde, wird Konstantinopel Hauptstadt des christlichen Oströmischen (Byzantinischen) Reichs. Kaiser Theodosius II. lässt 408–450 die gewaltige Landmauer errichten; es entstehen monumentale Palastanlagen, öffentliche Plätze mit Ehrenmonumenten und zahlreiche Kirchen. Unter Kaiser Justinian erfährt die Stadt 527–565 eine erneute Blütezeit.

Goldenes Byzanz

Vom 7.–9. Jh. erschüttern Kriege mit Arabern und Slawen das byzantinische Reich. Zwischen 726–843 kommt die Stadt auch innenpolitisch nicht zur Ruhe: Der sog. Ikonoklasmus (Bilderstreit), eine Auseinandersetzung über die Verehrung von Heiligenbildern, führt zu bürgerkriegsähnlichen Zuständen. Erst die Epoche der Makedonenkaiser zwischen 867–1056 bedeutet eine neue Blütezeit für das Reich.

Während der Regentschaft der Komnenenkaiser von 1081–1185 wird der Mittelmeerhandel ausgebaut. Italienische Kaufleute siedeln sich an, die Genuesen erbauen ihre Stadt Galata (griech. Pera) am Nordostufer des Goldenen Horns. Die seit dem Schisma 1054 bestehenden Spannungen zwischen Griechen und Lateinern (katholischen Europäern) wachsen, so dass Venedig schließlich den IV. Kreuzzug nach Konstantinopel umlenkt: 1204 wird die Stadt geplündert und danach Zentrum eines Lateinischen Kaiserreichs (bis 1261). Zahlreiche Kunstwerke und Reliquien werden nach Westen verbracht.

Im 14. Jh. markieren Abwehrkämpfe gegen die vorrückenden Osmanen sowie Erdbeben und Pestseuchen den Niedergang unter den Paläologenkaisern.

Unter dem Halbmond

1453 nimmt nach langen Jahren der Belagerung Sultan Mehmet II. Fatih am 29. Mai die Stadt ein. Konstantinopel/Istanbul wird 470 Jahre lang die Hauptstadt des Osmanischen Reichs sein. In den Jahren 1520–1566 führt Sultan Süleyman der Prächtige das Reich zu seiner größten Ausdehnung; Hofarchitekt Sinan (um 1497–1588) schmückt die Stadt mit prachtvollen Moscheen.

Die osmanische Expansion kommt 1683 vor Wien zum Erliegen. Durch wachsende Kontakte nach Westeuropa beginnt sich im 18 Jh. die türkische Kunst für fremde Einflüsse zu öffnen: In der sog. Tulpenzeit (1703– 1730) werden Barock und Rokoko-Elemente in die osmanische Architektur übernommen. Die Tanzimat-Reformen bringen im 19. Jh. eine weitere Annäherung an den Westen. 1826 lässt Sultan Mahmud II. das Janitscharen-Korps im Hippodrom blutig vernichten.

Republik und Moderne

Nach der Niederlage des mit Deutschland verbündeten Osmanischen Reichs im Ersten Weltkrieg besetzen die Westalliierten Istanbul. Doch Mustafa Kemal Paşa (Atatürk) befreit das Land, ruft 1923 die Türkische Republik aus und verlegt den Regierungssitz nach Ankara. Das Sultanat und das Kalifat werden abgeschafft.

Umfassende Reformen nach westlichem Vorbild setzen ein, die dem Primat des Laizismus, der Trennung von Staat und Religion, verpflichtet sind. Die von den Osmanen in eine Moschee umgewandelte Hagia Sophia wird 1934 auf Anregung Atatürks ein Museum. Istanbul bleibt bis heute das kulturelle Zentrum des Landes.

Nach dem Militärputsch von 1980 bewegt sich das Land ab 1983 hin zu einer wirtschaftlichen Öffnung. Bewaffnete Konflikte mit Minderheiten (Kurden) und eine hohe Inflation lähmen allerdings immer wieder alle Fortschritte. Große Bauprojekte bestimmen zwischen 1973–1988 das Erscheinungsbild Istanbuls: Die Eröffnung der ersten (1973) und der zweiten (1988) Bosporus-Brücke. 1984 wird der Flughafen in Yeşilköy fertiggestellt.

Auf dem Weg ins 21. Jh.

1999 erschüttert ein schweres Erdbeben die Marmara-Region, im Zentrum Istanbuls kommt es jedoch kaum zu Schäden. 2000 wird die U-Bahn vom Taksim-Platz in den ›Finanzdistrikt‹ im Norden eröffnet. 2012 folgt auf der asiatischen Seite die 22 km lange U-Bahn von Kadıköy nach Kartal. Auch das teils abgeschlossene, 13,6 km lange Tunnelprojekt ›Marmaray‹ unter dem Bosporus zwischen Asien und Europa ist ein weiterer Versuch, die massiven Verkehrsprobleme in den Griff zu bekommen.

Unter der AKP-Regierung des Ministerpräsidenten Recep Tayyib Erdoğan (Oberbürgermeister von Istanbul 1994 – 1998) sucht die Türkei sowohl Verbündete unter ihren Nachbarn (Irak, Iran) als auch den Anschluß an die Europäische Union. Trotz der landesweiten Proteste gegen Erdoğan, die in Istanbul im Frühjahr 2013 ihren Ausgang nahmen, wird er im August 2014 zum Staatspräsidenten gewählt, erstmals direkt durch das Volk.

Großartige byzantinische Fresken schmücken das Kariye Müzesi

Anreise

... mit dem Flugzeug

Der in den letzten Jahren erweiterte Istanbuler **Flughafen Atatürk Hava Limanı** (► Karte 6, B 3) wird von allen wichtigen europäischen Flughäfen aus mehrmals täglich angeflogen. Die Flugzeit beträgt von Frankfurt ca. 2,5 Std. (unterwegs die Uhr umstellen – in der Türkei ist es 1 Std. später als in Westeuropa). Auch die preiswerte Germanwings hat Istanbul im Angebot. Die Maschinen landen (Stand 2014), u. a. von Köln/Bonn, Dortmund, Stuttgart, Hamburg und Berlin-Tegel startend, auf dem Sabiha-Gökçen-Flughafen im Stadtteil Pendik/Kurtköy auf der asiatischen Seite – ca. 40 km und eine Bosporus-Brücke vom Stadtzentrum entfernt. **Info:** www.ataturkairport.com, www.sgairport.com

Wichtige Fluggesellschaften

Türk Hava Yolları: (Turkish Airlines, THY), Flughafen: Tel. 0212 463 63 63, www.thy.com

Deutsche Lufthansa: Tel. 0212 465 55 55, www.lufthansa.com

Austrian Airlines: Tel. 0212 465 56 44, www.aua.com

Swiss International Airlines: Tel. 0212 319 19 00, www.swiss.com

Transfer von den Flughäfen in die Stadt

Wer nicht vom Hotelbus abgeholt wird, fährt gut und günstig mit einer öffentlichen Shuttle-Linie:

Havataş Busse: Atatürk: Abfahrt vor dem Ausgang; tgl. 4–1 Uhr alle 30 Min. nach Taksim (Tickets ca. 3,50 €); Sabiha Gökçen: tgl. 4–1 Uhr alle 30 Min. nach Taksim (ca. 4,50 €), 4.15–0.45 Uhr alle 30 Min. nach Kadıköy (ca. 2,70 €), Tel. 444 26 56, www.havatas.com.

Hafif Metro: Die Stadtbahn hat ihre Station unterhalb des Atatürk-Flughafens. Um in die Innenstadt nach Aksaray zu kommen, muss man nicht umsteigen. Um nach Eminönü und weiter über die Galata-Brücke zu fahren, steigt man in Zeytinburnu in die Tramvay um. Anstrengend, aber preiswert: je Strecke ca. 1 €, tgl. 6–24 Uhr.

Taxi: Die ca. 25 km in die Alt- oder Neustadt sollten nicht mehr als etwa 20 € kosten.

Mietwagen: Am Flughafen sind verschiedene Verleiher vertreten. Andere Agenturen findet man über Anzeigen in der Zeitung Hürriyet Daily News (engl.) oder über die Hotelrezeptionen.

... mit der Bahn

Istanbul ist auch mit der Bahn zu erreichen, doch dauert die Reise über den Balkan ungefähr 48 Std. Sie führt von Berlin über Prag, Bratislava und Kronstadt bis kurz vor Istanbul mit Umstiegen in Budapest und Bukarest.

Orient-Express: Der aufs Neue belebte Luxuszug der 1920er-Jahre fährt wieder, wenn auch selten. Die sechstägige Reise führt von Venedig über Budapest und Bukarest nach Istanbul. Der Nostalgietrip hat seinen Preis: ab 13 840 € für die Doppelkabine. Zu buchen über www.belmond.com/venice-simplon-orient-express/journeys.

... mit dem Auto

Eine mögliche Strecke führt über Österreich, Ungarn, Rumänien und Bulgarien (ca. 2500 km). Wer diese strapaziöse Fahrt unternehmen möchte, sollte bei einem Automobilclub Informationen über Reiseroute, Einreisebestimmungen und Sicherheit einholen. Wenn man sein Auto unbedingt dem mörderischen Straßenverkehr Istanbuls aussetzen will, ist die Italien-Route empfehlenswert: Mit der Fähre geht es ab Ancona oder Brindisi nach Istanbul. Auskunft erhält man in guten Reisebüros.

Einreisebestimmungen

Bis zu drei Monate können sich Deutsche und Schweizer, die mit dem Reisepass oder dem Personalausweis einreisen, in Istanbul aufhalten. Wer nur mit dem Personalausweis einreist, erhält ein Extraformular mit einem Einreisestempel. Es muss bei der Ausreise wieder vorgelegt werden, sonst drohen hohe Strafgebühren! Österreicher benötigen einen Reisepass und müssen bei der Einreise ein Visum erwerben. Wartezeiten lassen sich vermeiden durch den Erwerb eines elektronischen Visums vor Reiseantritt: www.evisa.gov.tr

Autofahrer brauchen immer einen Pass (in den das Fahrzeug eingetragen wird), dazu den nationalen Führerschein und den Kfz-Schein. Die grüne Versicherungskarte wird empfohlen. Der Abschluss einer Vollkaskoversicherung ist dringend anzuraten.

Zoll

Gepäck von Touristen wird kaum kontrolliert, doch sollten elektronische Geräte angemeldet werden. Diese Dinge werden bei der Einreise wie das Auto in den Reisepass eingetragen. Fehlen sie bei der Ausreise, muss man sie verzollen. Die Einfuhr von Waffen (auch stehender Messer) ist untersagt, für Jagdwaffen benötigt man eine Sondergenehmigung (Infos über das türkische Fremdenverkehrsamt). In die Türkei einführen darf man 5 l Alkohol, 200 Zigaretten oder 50 Zigarren oder 200 g Tabak, 1,5 kg Kaffee, 500 g Tee, 600 ml Parfüm und Geschenke im Wert von bis zu 250 €. Tipp: Auf den Istanbuler Flughäfen kann man auch als Einreisender zollfrei einkaufen!

Bei der Rückreise in ein EU-Land gelten folgende Freimengen: 200 Zigaretten oder 250 g Rauchtabak oder 100 Zigarillos oder 50 Zigarren (ab 17 Jahre), 1 l Spirituosen (mehr als 22 Vol.-%) oder 2 l alkoholische Getränke mit weniger als 22 Vol.-% sowie 4 l nicht schäumende Weine (ab 17 Jahre). Nicht zertifizierte Antiquitäten darf man nicht ausführen. Flugreisende über 15 Jahre dürfen Waren bis zu einem Gesamtwert von 430 Euro zollfrei in die EU einführen. Gern fragt der Zoll nach Goldschmuck. Mehr Infos auf www.zoll-d.de.

Feiertage

1. Januar: Neujahr
23. April: Tag der nationalen Souveränität und der Kinder; Tanzaufführungen von Kindern in historischen Kostümen.

Vorsicht bei Antiquitäten

Erhöhte Vorsicht ist beim **Export von Antiquitäten** geboten. Für die Ausfuhr historischer Kulturgüter benötigt man die Zustimmung eines Museumsdirektors. Dies gilt für alle Antiquitäten und sogar für antike Steine. Der Versuch, solche Gegenstände illegal außer Landes zu bringen, wird mit hohen Haftstrafen geahndet! So kann beim Zoll schon eine harmlose Scherbe dazu führen, dass man in U-Haft genommen wird und erst nach Zahlung einer hohen Kaution wieder ausreisen darf.

19. Mai: Tag der Jugend und des Sports; Auftritte von Jugendgruppen und Sportvereinen.
30. August: Tag des Sieges; Aufmärsche und Militärparaden.
29. Oktober: Tag der Republik; Aufmärsche und Militärparaden, großes Feuerwerk auf dem Bosporus.

Feste und Festivals

Istanbul Festival: s. S. 104
One Love Festival (Juni): Festival für alle Genres elektronischer Musik, aber auch Grenzbereiche wie Nu Jazz oder Performance; Parkorman, Maslak (Metro M2); www.oneloveistanbul.com
Ramadan: Der islamische Fastenmonat erinnert an Mohammeds Fasten in der Wüste vor seiner Erleuchtung. Vom Aufgang der Sonne bis zu ihrem Untergang sind Essen, Trinken, Rauchen und Sex nicht gestattet. Die Menschen sind zu dieser Zeit möglicherweise etwas gereizt und übermüdet, denn nach Sonnenuntergang wird besonders üppig und lange getafelt. Während des Ramadan steigen die Umsätze der Lebensmittelhändler deutlich an: Wenn man den ganzen Tag nichts essen darf, muss man das nachts ganz besonders nachholen. Jedoch sind nur wenige Restaurants in dieser Zeit tagsüber geschlossen, touristisch hat der Ramadan

keine wesentlichen Auswirkungen. Da sich der islamische Kalender nach dem Mond orientiert, beginnt der Fastenmonat jedes Jahr etwa elf Tage früher.
Zeiten des Ramadan bis zum Jahr 2017: 18. Juni–16. Juli 2015, 6. Juni–4. Juli 2016, 27. Mai–24. Juni 2017.
Ramazan oder **Şeker Bayramı:** Das ›Zuckerfest‹ findet am Ende des Fastenmonats Ramadan statt. Man schenkt den Kindern Süßigkeiten, kauft neue Kleider und schwelgt in lukullischen Genüssen. Das Fest dauert drei Tage.
Rock´n Coke Festival (Juli/August): Größtes Open-Air der Türkei auf der ehemaligen Formel-1-Strecke »Istanbulpark« östlich von Istanbul. Hier gibt sich die Rock und Pop-Prominenz ein Stelldichein (alle zwei Jahre, das nächste Mal 2015).
Mercedes-Benz Fashion Week Istanbul (Herbst): Die Mode-Branche trifft sich, um Kreationen von Newcomerinnen wie Burçe Bekrek und Simay Bülbül und bekannteren Couturiers wie Arzu Kaprol oder Özlem Süer zu bewundern; www.mbfashionweek.com
Istanbul Design Week (September/ Oktober): Eine Woche lang Ausstellungen und Label-Präsentationen zu Produktdesign, Möbeln und Architektur; www.ddf.com.tr
Akbank Jazz Festival (September/ Oktober): Seit 20 Jahren bringt das privat finanzierte Festival mit lokalen

Bettler

Da die Türkei keinerlei nennenswerte Sozialfürsorge betreibt, liegt die Unterstützungspflicht innerhalb der Familien. Wer darauf nicht bauen kann, ist aufs Betteln angewiesen, was sehr viele behinderte Menschen betrifft. Almosen geben ist eine der Pflichten im islamischen Glauben, und so finden sich besonders zur Fastenzeit sehr viele Bettler in der Nähe von Moscheen. Um den Mitleidsfaktor zu nutzen, werden sogar Kinder von ihren Eltern zum Betteln oder Taschentücherverkaufen statt zur Schule geschickt. So hart es auch erscheint: Geben Sie Kindern nichts!

wie internationalen Größen des Jazz auf die Bühne, Auftritte in Clubs und Konzerthallen, aber auch in der Hagia Irene; www.akbanksanat.com

Kurban Bayramı: Das ›Opferfest‹ wird in Erinnerung an das Opfer Abrahams begangen, das auch den Muslimen als Symbol der Unterwerfung unter Gottes Willen heilig ist. Man schlachtet ein Tier für das Festmahl, ein Teil des Fleisches wird an die Armen oder an die Nachbarn verschenkt. Das Fest dauert vier Tage und ist der Höhepunkt des Wallfahrtsmonats, in dem man zur Pilgerfahrt nach Mekka aufbricht.

Zeiten des Kurban Bayramı bis zum Jahr 2017: 24.–27. Sept. 2015, 12.–15. Sept. 2016, 1.–4. Sept. 2017.

Geld

1 € = ca. 2,86 TL, 1 SFr = ca. 2,37 TL, 1 TL = ca. 0,34 € oder 0,42 SFr. (Stand September 2014).

Währung ist die Türkische Lira (Türk Lirası/TL), unterteilt zu 100 Kuruş. Seit der letzten Währungsreform 2009 gibt es Scheine zu 5, 10, 20, 50, 100 und 200 Lira. Die zuvor gültige Yeni Türk Lirası kann seit Anfang 2010 nur noch bei den Niederlassungen der Zentralbank in Ankara und Istanbul getauscht werden. Geldumtausch vor der Reise ist unnötig. Durchgängig geöffnete **Wechselbüros** gibt es an den Flughäfen zahlreich; dort sind die Gebühren etwas höher als bei den Banken und den Bankautomaten.

Das Netz der **Bankautomaten** (*bankomat*, engl. ATM) für Maestro-Karten ist dicht, auch mit Kreditkarten der gängigen Institute bekommt man dort Bargeld. Kreditkarten akzeptieren die meisten Hotels, Agenturen, modernen Geschäfte, bessere Restaurants und Supermärkte.

Museen: Die »Müzekart« macht den Besuch der staatlichen Museen nicht nur günstiger, sie erspart auch Schlangestehen an den Kassen. Infos in Englisch unter: www.muzekart.com.

Gesundheit

Ärztliche Leistungen werden bar bezahlt und können später gegen Vorlage einer Quittung in Englisch mit genauer Auflistung der Leistungen mit der eigenen Versicherung abgerechnet werden. Gebühren in staatlichen Kliniken sowie Medikamente sind sehr günstig, deutlich teurer sind private Kliniken. Für den Fall, dass ein längerer Krankenhausaufenthalt notwendig wird, sollte man einen Auslandskrankenschein seiner Krankenkasse mitnehmen oder eine private Reisekrankenversicherung abgeschlossen haben, die auch den Rücktransport oder die Überführung bei Tod erstattet.

Amerikan Hastanesi: Nişantaşı, Güzelbahçe Sokak 20, Tel. 0212 311 20 00 (englischsprachig, Privatversicherte), www.americanhospitalistanbul.org

Österreichisches St. Georgs-Krankenhaus (Avusturya Sen Jorj Hastanesi): Karaköy, Bereketzade Medrese Sok. 7, Tel. 0212 243 25 90 (deutschsprachig, Kassenpatienten und Privatversicherte), www.sjh.com.tr

Informationsquellen

Fremdenverkehrsämter

Offizielles Webportal des türkischen Tourismusministeriums: www.goturkey.com. Broschüren nur über die Website! – Baseler Str. 35–37, 60329 Frankfurt/Main, Tel. 069 23 30 81 – Singerstr. 2/8, 1010 Wien, Tel. 01 512 21 28

Moscheebesuch

Der Besuch einer Moschee ist immer kostenfrei. Die Gotteshäuser sollten in angemessener Kleidung betreten werden. Shorts bei Herren oder schulterfreie Tops bei Damen sind tabu. An kleineren Moscheen werden freizügig gekleidete Besucher abgewiesen, an den größeren werden kostenlos Kleidungsstücke, die man über die Beine ziehen kann, sowie Kopftücher verliehen.

Der Innenraum einer Moschee darf nicht mit Schuhen betreten werden. Frauen sollten den Kopf, die Schultern und Arme mit einem Tuch bedecken. Vermeiden Sie es, Moscheen während der Gebetszeiten zu besuchen.

– Stockerstr. 55, 8002 Zürich, Tel. 044 221 08 10

Touristeninformation in Istanbul

Zentralbüro: Beyoğlu, İstiklal Cad., Atlas Pasajı 131, Tel. 0212 518 10 21

Taksim-Platz, Seyran Apt., Tel. 0212 233 05 92, tgl. 9–17.30 Uhr

Sultanahmet Turizm Danışma: Divanyolu Caddesi 3, Tel. 0212 518 74 54, tgl. 9–17.30 Uhr

Atatürk Airport: Yeşilköy, internationale Ankunftshalle, Tel. 0212 465 31 51, tgl. 8–23 Uhr

Sabiha Gökçen Airport: int. Ankunftshalle, Tel. 0216 588 87 94, tgl. 8–23 Uhr

Karaköy Turizm Danışma: Liman Yolçu Salonu (Passagierterminal am Hafen), Tel. 0212 249 57 76, tgl. 9–17.30 Uhr

Istanbul im Internet

www.ibb.gov.tr: Die offizielle Seite der Stadtverwaltung Istanbuls ist in der englischen Übersetzung etwas reduziert gegenüber der türkischen Seite. Außer aktuellen Informationen findet man 360°-Ansichten der Stadt, Live Traffic Cams, eine Fotogalerie mit zum Teil historischen Aufnahmen und sogar 36 verschiedene MP3-Downloads türkischer Musik.

www.mimarlikmuzesi.org: Eines der ersten web-basierten Architekturmuseen, das mit Dokumenten und Bildern zur weitgehend unbekannten türkischen Moderne aufwarten kann.

www.byzantium1200.com: Virtuelle Architektur: Auf dieser Webseite ist eine fortlaufend erweiterte virtuelle Rekonstruktion Konstantinopels um das Jahr 1200 zu sehen.

www.kultur.gov.tr: Offizielle Seite des Ministeriums für Kultur und Tourismus in der Türkei mit recht umfangreichen Hintergrundinformationen zum Reiseland (auch in deutscher Sprache).

Kinder

Ausflüge ins Grüne

In der Festung **Rumeli Hisarı** am Bosporus lässt sich die türkische Geschichte selbst nacherleben, allerdings ist bei den nicht gesicherten Mauerzügen Vorsicht geboten. Kinder sollten sich nur in Begleitung Erwachsener bewegen (tgl. Do–Di 9.30–16.30 Uhr, Eintritt 3,50 €). Wer es etwas beschaulicher möchte, besucht lieber die Parks der Stadt, wie den **Yıldız-Park**, eine grüne, schattige Oase, in der man die Kleinen ruhig mal laufen lassen kann. Ebenso lohnend ist bei einem längeren Aufenthalt ein Tagesausflug zu den **Prinzeninseln** mit Schiffspassage, Kutschfahrt und Picknick (s. S. 66).

Aktivitäten mit Kindern

Die Museen in Istanbul sind oft ausschließlich auf die Bedürfnisse von Erwachsenen hin konzipiert. Eine der löblichen Ausnahmen ist die Kinderabteilung des **Archäologischen Museums** (s. S. 38). In niedrigen Vitrinen auf Augenhöhe der kleinen Besucher präsentiert, garantieren die Objekte zu den Themen Geschichte und Archäologie einen spannenden Besuch! Ebenfalls besonders für Kinder geeignet ist der Besuch des **Rahmi M. Koç Müzesi** (s. S. 79). In dem Technik- und Industriemuseum gibt es zahlreiche Exponate, die angefasst werden dürfen. Interaktive Bildschirmpräsentationen laden zur spielerischen Auseinandersetzung mit der Materie ein. Der Besuch des dort vor Anker liegenden U-Boots ist ein Highlight der Ausstellung (Zutritt für Kinder ab acht Jahren). In unmittelbarer Nähe liegt der Freizeitpark **Miniatürk** (außerhalb), Sütlüce, İmrahor Cad., Tel. 0212 222 28 82, www.miniaturk.com.tr, tgl. 9–19 Uhr geöffnet, Eintritt 3,50 €. Der am Goldenen Horn gelegene Freizeitpark zeigt aktuell über 100 Bauwerke und türkische Landschaften im Maßstab 1/25. Die etwas verkitschte Zeitreise durch die verkleinerte Geschichte der Architektur auf türkischem Boden wird für Kinder besonders dann zum Erlebnis, wenn sie auf der Miniaturbahn absolviert wird, die sich durch das Parkgelände schlängelt. Keine Berührungsängste gibt es auch im **Santral Istanbul.** In dem zu einem Museum umfunktionierten Elektrizitätswerk mit seinen riesigen Maschinen deutscher Herstellung darf jeder Schalter betätigt werden (s. S. 71). Freunde von Meeressäugern kommen im **Istanbul Dolphinarium** (Eyüp, Silahtarağa Cad. 2/4, Tel. 0212 581 78 78, www.istanbuldolphinarium.com, Vorführungen tgl. um 14 Uhr, Mo geschlossen, Eintritt 12 €, Kinder 7 €) auf ihre Kosten. Flipper & Co. zeigen im großen Becken Kunststücke, sogar schwimmen kann man nach Reservierung mit den Tieren. Umweltaktivisten laufen allerdings seit Jahren Sturm gegen diese Einrichtungen und bezeichnen sie als Isolationsfolter für diese intelligenten Tiere.

Klima und Reisezeit

Die beste Reisezeit für Istanbul sind das Frühjahr und der Herbst. Im Sommer kann es in der Metropole brütend heiß werden, das Meeresklima erlaubt es jedoch auch, dass kurze und dann allerdings recht heftige Regengüsse einem den Spaß verderben. Die Wintermonate, in denen man am günstigsten reisen könnte, halten ebenfalls einige unangenehme Überraschungen parat. Regen, Schnee und/oder ein frostiger Meereswind können unangenehme Begleiter einer Besichtigungstour werden. Da in manchen Haushalten noch mit Kohle oder Brennholz geheizt wird, liegt im Winter bei ungünstiger Wetterlage eine gelbliche Dunstglocke über der Stadt.

Klimadiagramm Istanbul

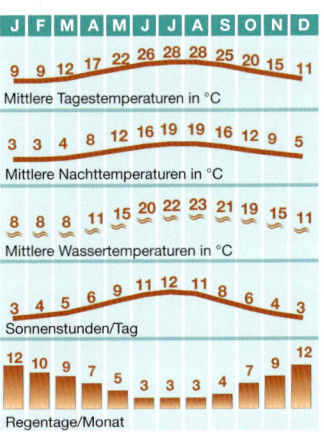

Öffnungszeiten

Banken: Mo–Fr 9–12, 13–16.30 Uhr (in Shopping Malls oft 10–22 Uhr)
Postämter: Mo–Fr 9–12, 13–17 Uhr
Geschäfte: Es gibt keine gesetzlichen Ladenschlusszeiten. Die meisten Geschäfte sind Mo–Sa 9–20 Uhr geöffnet, große Einkaufszentren auch sonntags. Märkte beginnen um 8 Uhr. Der Große Basar und der Ägyptische Basar sind sonntags geschlossen. Viele Museen haben montags Ruhetag.

Rauchen

Seit dem 19. Juli 2009 ist in der Türkei das Rauchen in allen öffentlichen Innenräumen, auch von Bars, Restaurants und Cafés, verboten. Dies gilt freilich nicht für deren Außenbereiche. Während dem Gast bei Nichtbefolgung eine Strafe von immerhin ca. 30 € auferlegt wird, muss der Wirt mit einem deutlich höheren ›Knöllchen‹ rechnen. Da die Kontrolle des Verbots recht schwierig ist, schert sich so mancher Wirt nicht darum.

Reisen mit Handicap

Istanbul ist ein schwieriges Pflaster für **Behinderte.** Nur wenige Hotels und Museen verfügen über behindertengerechte Einrichtungen. Auskunft erteilt der Türkische Behindertenverband: Tel. 0212 521 49 12, www.tsd.org.tr (Seite nur auf Türkisch).

Sport und Aktivitäten

Aktivitäten zur Steigerung der körperlichen Fitness sind in der Türkei noch nicht sehr weit verbreitet, demzufolge gibt es nur wenige Einrichtungen für Freizeitsportler. Unter Sport versteht man eher die Fernsehübertragung eines Fußballspiels, die wild gestikulierend kommentiert wird. Einen freien Arbeitstag verbringt der Städter gern beim Wochenend-Grill-Picknick in der Nähe seines Autos. Fitnesscenter sind in der Stadt zwar vorhanden, bleiben aber eher den Besserverdienenden vorbehalten.

Baden
Obwohl die Stadt zwischen zwei Meeren liegt, ist Baden in Istanbul wegen der starken Verschmutzung des Wassers nicht möglich. Auch die **Strandbäder** am Schwarzen Meer (Kilyos, Gümüşdere und Şile) sind nicht gerade sauber und wegen der Strömungen lebensgefährlich: Man zählt jährlich etliche Tote durch Ertrinken. An den Stränden der Prinzeninseln wird ebenfalls gern gebadet – verschmutztes Wasser und Quallen lassen ungetrübte Badefreuden aber nicht wirklich aufkommen. Viele Luxushotels besitzten eigene Swimmingpools, diese sind aber meist maßlos überteuert.

Fußball
Fußball ist in der Türkei die Nationalsportart. In Istanbul sitzen die großen und auch über die Landesgrenzen hinaus erfolgreichen Vereine wie Beşiktaş, Galatasaray und Fenerbahçe. Wer Karten für internationale Spiele erwerben möchte, kann Karten beim Gastverein erhalten, dort werden größere Fankontingente abgegeben. Für Karten bedeutender nationaler Spiele muss man schon am Vortag des Verkaufsbeginns vor den Stadien anstehen, Reservierungen sind nicht möglich. Gut erreichbar mit der Metrolinie M2 ist die Türk Telekom Arena (Stadion von Galatasaray).

Joggen
Zum Asphaltjoggen empfiehlt sich das europäische Bosporusufer sowie die

Uferstraßen entlang des Marmarameeres. Für Grünjogger bieten sich der Yıldız- und der Emirganpark an.

Telefon

Für öffentliche Fernsprecher benötigt man Wertkarten, die bei der Türk Telekom, der Post (PTT) und in Kiosken erhältlich sind. GSM-Handys mit europäischer Zulassung werden drei bis 30 Tage nach Einreise unvermittelt von türkischen Netzbetreibern blockiert. Vermeidbar ist dies durch Erwerb eines (Secondhand-)Geräts in Istanbul oder den Kauf einer SIM-Karte eines türkischen Anbieters bereits im Heimatland.

Um von der Türkei ins Ausland zu telefonieren, wählt man zuerst die 00, dann den Ländercode (D 49, A 43, CH 41), gefolgt von der Ortsvorwahl ohne die führende 0. Um vom Ausland aus nach Istanbul zu telefonieren, wählt man die 0090 gefolgt von der Ortsvorwahl (0)212 für die europäische Seite und (0)216 für die asiatische Seite.

Toiletten

Nur die eleganteren Restaurants haben leidlich saubere Toiletten nach westlichem Standard. Sie können aber auch auf ein Minarett zusteuern, denn Moscheen verfügen ebenfalls über akzeptable Anlagen, meist aber Hocktoiletten.

Trinkgeld

Im Restaurant gibt man bis zu 10 % des Rechnungsbetrags je nach Zufriedenheit und Lokal. Im Taxi rundet man auf die nächste halbe oder auch die volle Lira auf.

Sicherheit und Notfälle

Obwohl man sich in Istanbul sehr frei und – außer vielleicht bei Demonstrationen – auch sicher bewegen kann, sollte man die üblichen Verhaltensregeln beachten. Die Bombenanschläge religiöser Extremisten haben auch in Istanbul zu verstärkten **Sicherheitsmaßnahmen** geführt. Metalldetektoren und Sicherheitskontrollen gehören inzwischen nicht nur in Flughäfen, sondern auch in Museen, U-Bahnen und größeren Einkaufszentren zum Standard. Vorsicht ist geboten, wenn man Sie sehr freundlich und unverbindlich in einen **Nachtclub** oder eine Bar einlädt. Unabhängig davon, wie viel Sie getrunken haben, kann Ihnen danach eine saftige Rechnung (durchaus ab 500 € aufwärts!) präsentiert werden. Dies ist nicht illegal, und wenn es passiert ist, gibt es kaum Möglichkeiten, sich dieser Situation zu entziehen!
Notfälle: Polizei: 155, Ambulanz: 112, Feuerwehr: 110
Türkischer Touring- und Automobilclub (TTOK): Tel. 0212 282 81 40
Touristenpolizei (Turizm Polisi): Sultanahmet, Yerebatan Cad. 6, Tel. 0212 527 45 03
Sperrnummer: Deutsche können EC-/Maestro-Karten, Kreditkarten, Handys usw. unter Tel. 0049 11 61 16 oder unter www.sperr-notruf.de sperren lassen.
Generalkonsulat Deutschland: Tel. 0212 334 61 00, www.istanbul.diplo.de
Generalkonsulat Österreich: Tel. 0212 363 84 10, Notfallnummer: 0532 262 00 19, www.bmeia.gv.at/botschaft/gk-istanbul.html
Generalkonsulat Schweiz: Tel. 0212 283 12 82, www.eda.admin.ch/istanbul

Unterwegs in Istanbul

Der Straßenverkehr in Istanbul kann mörderisch sein – im wahrsten Sinne des Wortes. Fußgänger teilen sich wegen der schmalen oder gar nicht vorhandenen Bürgersteige oft den Verkehrsraum mit den motorisierten Teilnehmern. Hier sind sie, ebenso wie auf den seltenen Zebrastreifen, für Istanbuler Autofahrer ein rotes Tuch. Fahrradfahren gilt am Bosporus als exotisch und muss oft als gefährlich eingestuft werden. Der Personennahverkehr Istanbuls ist nur teilweise in öffentlicher Hand. Dort, wo städtische Busse und Bahnen den Transport nur ungenügend abdecken, erstreckt sich ein dichtes und ausgedehntes Netz von privat betriebenen Stadt- und Minibussen.

Welches Verkehrsmittel man auch immer benutzt – Bus, Tünel-Bahn, Tram, Straßenbahn, Metro, Hafif-Metro, Metrobus oder Bosporus-Fähre – die **Preise** sind unschlagbar günstig (umgerechnet ca. 0,75 €). Immer gilt der Preis jeweils pro Fahrt. Es empfiehlt sich auch bei einem Kurzaufenthalt die Anschaffung einer IstanbulKart, die man an allen IETT-Verkaufsstellen erhält, eine Prepaidkarte im Kreditkartenformat, die aufgeladen wird und den Fahrpreis und das Umsteigen billiger macht. Sie gilt in fast allen öffentlichen Verkehrsmitteln zu Wasser und zu Land. Ihr Gebrauch ist außerdem praktisch: Es reicht schon, wenn man das Portemonnaie mit der Karte vor den Scanner an den Schaltern hält.

Hafif-Metro/Tramvay/ Metro/Metrobus

Die **Hafif-Metro,** eine moderne S-Bahn, die an einigen Stellen auch unterirdisch fährt, verkehrt von Aksaray über Bayrampaşa, Barkırköy und Yenibosna bis zum Atatürk Flughafen. In

Orientierung: Um sich vor Ort zu orientieren oder nach einer Adresse fragen zu können, sollte man neben dem Straßennamen auch den des Stadtviertels und einen Orientierungspunkt darin wissen, wie etwa eine Moschee, ein großes öffentliches Gebäude oder das Hotel. Sollte der Gefragte trotz dieser Angaben völlig ahnungslos sein, kann es passieren, dass er Sie aus reiner Höflichkeit in die nächstbeste Richtung schickt.

der Stadt fährt sie im Minutentakt (7–22 Uhr).

Die **Tramvay,** eine moderne Straßenbahn, verkehrt etwa im 10-Minutentakt auf der Strecke Kabataş–Fındıklı – Eminönü – Hagia Sophia – Divanyolu–Aksaray – Topkapı – Zeytinburnu – Bağcılar.

Die **Metrolinie M2** auf der europäischen Seite verbindet Yenikapı am Marmarameer mit Hacıosman von 6.15 Uhr bis 23.30 Uhr. Die **Metrolinie M4** auf der asiatischen Seite verbindet Kadıköy mit Kartal. Durch den Schienentunnel Marmaray unter dem Bosporus sind diese Linien vernetzt. Umsteigepunkt auf der europäischen Seite ist Yenikapı, auf der asiatischen Ayrılık Çeşmesi, die transkontinentale Verbindung hält außerdem in Sirkeci und Üsküdar.

Die **Nostaljik Tramvay,** eine historische Straßenbahn, verkehrt im 15-Minutentakt auf der İstiklal Caddesi zwischen oberer Tünel-Station und Taksim-Platz.

Der **Metrobus** verläuft entlang der Stadtautobahn E5 auf eigener Trasse im 30-Sekunden-Takt und verbindet die Kontinente von Beylikdüzü im Westen bis Söğütlüçeşme nahe Kadıköy (Umsteigemöglichkeit in die M4).

Stadtbusse

Die städtischen Busse der IETT und die privaten ›Halk‹-Busse fahren von 6 bis 24 Uhr. Die beiden Hauptbusbahnhöfe befinden sich in Eminönü und unterirdisch am und oberirdisch nahe dem Taksim-Platz, die Fahrziele sind an oder in den Bussen ausgewiesen.

Dolmuş

Kleinbusse fahren auf bestimmten Routen und von den Haltestellen immer dann ab, wenn sie voll (dolmuş) sind – also ständig. So lässt sich jeder Punkt in Istanbul schnell und günstig erreichen. Das Fahrziel ist an der Windschutzscheibe angegeben, bezahlt wird an Bord. Man kann an der Strecke überall zusteigen (dem Fahrer Handzeichen geben).

Taxi

Taxis findet man problemlos. Bestehen Sie darauf, dass das Taxameter eingeschaltet wird. Die Fahrer kennen die wichtigen Sehenswürdigkeiten, großen Hotels und Durchgangsstraßen, oder man nennt das Stadtviertel oder eine nahe gelegene Moschee als Ziel. Erwarten Sie nicht, dass der Fahrer alle 47 600 Straßen im Großraum Istanbul kennt. Jede Fahrt wird aber spätestens dann zum Erlebnis, wenn Ihr Chauffeur, um den obligatorischen Stau zu umgehen, seine gelbe Karosse durch eine viel zu enge Seitenstrasse lenkt.

Standseilbahnen

Von Karaköy nahe der Galata-Brücke fährt die **Tünel,** eine unterirdische Standseilbahn, hoch zur İstiklal Caddesi und überwindet dabei etwa 62 Höhenmeter (7–22 Uhr) im 5-Minutentakt. Ähnlich funktioniert der Taksim – Kabataş Füniküler, der in anderthalb Minuten Kabataş am Bosporus mit der Bergstation am Taksim-Platz verbindet. Eine dritte Seilbahn gibt es am Goldenen Horn.

Stadtrundfahrten

Big Bus Tours Hop on Hop off: Für 30 € kann man einen Tag im offenen Doppeldeckerbus mit Audioguide (auch auf Deutsch) durch Istanbul oder ums Goldene Horn touren und nach Wunsch seinen Trip unterbrechen oder wieder zusteigen. Abfahrt vom Platz vor der Hagia Sophia im Sommer ab 10 Uhr alle 20 Min., im Winter alle 30 Min., www.bigbustours.com, Tickets online günstiger.

Der Umwelt zuliebe – nachhaltig reisen

Die Umwelt schützen, die lokale Wirtschaft fördern, intensive Begegnungen ermöglichen, voneinander lernen – nachhaltiger Tourismus übernimmt Verantwortung für Umwelt und Gesellschaft. Um für den CO2-Ausstoß, den Ihre Flugreise in die Türkei verursacht hat, einen Ausgleich zu schaffen, können Sie über www.atmosfair.de ein Zertifikat erwerben (S. 119). In Istanbul selbst wird es schwierig, sich ökologisch und sozial verantwortungsvoll zu verhalten. Sie sollten das Taxi meiden und auf Tram oder Metro umsteigen. Wer in in kleinen Lädchen und Lokalen einkehrt, lässt auch die einfachen Leute vom Tourismus profitieren.
Für die Suche nach ungewöhnlichen Gruppenreisen:
www.forumandersreisen.de: Die 150 Reiseveranstalter des Forum Anders Reisen bieten ungewöhnliche Reisen weltweit, Nachhaltigkeit wird durch einen gemeinsamen Kriterienkatalog gewährleistet.

15 x Istanbul
direkt erleben

Einst trieben hier mutige Wagenlenker ihre Rösser zum Sieg; antike Hooligans legten nach einer Niederlage der eigenen Mannschaft auch schon mal die Metropole in Schutt und Asche. Auf dem antiken Hippodrom geht es heute ruhiger zu, und Pferde sieht man auch nur noch selten. Doch der Platz liegt in prominenter Nachbarschaft: Hagia Sophia und Sultan-Ahmet-Moschee sind nur einen Steinwurf entfernt.

1 | Mitten im Leben – Hippodrom und Sultan-Ahmet-Moschee

Karte: ▶ H/J 7 | **Anfahrt:** Tramvay T1: Sultanahmet

Das ehemalige Hippodrom ist ein guter Ausgangspunkt für jeden Istanbul-Besuch. Wo in der Antike Wagenlenker dem Siegeskranz nachjagten, pulst heute das Leben: Flanierende türkische Familien, fliegende Händler und ein bunt gemischtes Publikum bilden zusammen mit der majestätischen Silhouette der Blauen Moschee eine vielstimmige bunte Kulisse. Ideal, um hier erstmals in die Stadt einzutauchen und auch einmal unter die Stadt zu kommen!

Auf dem Gelände des ehemaligen Hippodroms, das noch heute sinnfällig At Meydanı (Pferdeplatz) genannt wird, lieferten sich einst die Wagenlenker mit ihren Pferdewagen in halsbrecherischem Tempo energiegeladene Wettrennen. Dabei umfuhren sie die *spina*, ein die Bahnen trennendes Podest, auf

dem Denkmäler aufgestellt waren – die noch heute erhaltenen sind in eine Parkanlage eingebunden: Der **Theodosius-Obelisk** 1 wurde von Kaiser Theodosius I. um 390 aus Karnak in Ägypten nach Konstantinopel gebracht. Der ehemals 32 m hohe, heute beschnittene Schaft aus Rosengranit nennt den Pharao Thutmosis III. (1504 bis 1490 v. Chr.) und ruht auf vier Bronzewürfeln. Der spätantike Sockel des Monuments ist mit einzigartigen Reliefs verziert, die u. a. die Aufrichtung des Obelisken, ein Wagenrennen und Kaiser Theodosius I. gleich mehrfach mit seiner Familie in der Herrscher-Loge zeigen.

Die bronzene **Schlangensäule** 2 von 479 v. Chr. stammt ursprünglich aus dem Heiligtum des Apollo im griechischen Delphi. Die Schlangenköpfe, durch die Wasser austreten konnte, wurden im 17. Jh. abgeschlagen. Den spätrömischen gemauerten **Obelisken**

3 aus dem 4. Jh. ließ Kaiser Konstantin VII. Porphyrogennetos im 10. Jh. restaurieren. Die Verkleidung aus vergoldeten Bronzeplatten raubten die Kreuzfahrer im Jahr 1204 , ebenso wie die im Hippodrom aufgestellte berühmte Quadriga, die heute San Marco in Venedig ziert.

Von den Rängen des Hippodroms, auf denen wohl bis zu 100 000 Zuschauer Platz fanden, ist bis auf die **Sphendone 4** im Südwesten, die aus Sitzreihen gebildete halbkreisförmige Kurve mit einem Unterbau, der auch die Stallungen aufnahm, nichts erhalten. Am Nordende des Platzes steht der mosaikverzierte **Brunnen Kaiser Wilhelms II. (Alman Çeşmesi) 5** in neoromanischen und byzantinisierenden Formen (Einweihung 1901), eine Stiftung des deutschen Kaisers. Er ist ein steinernes Zeugnis der Männerfreundschaft zwischen dem Hohenzollern und dem letzten Sultan Abdülhamid II.

Blaue Moschee schon längst nicht mehr so blau …

Lassen Sie sich von den perfekten Proportionen des Kuppelsystems der **Sultan Ahmet Camii 6** überwältigen. Diese erlebt man am besten, wenn man vom Hippodrom aus den Vorhof der Moschee betritt. Die Blaue Moschee, deren Name von der Verzierung mit blautonigen İznik-Fliesen im Innern herrührt, wurde bis 1617 von Mehmet Ağa, einem Schüler Sinans, über den eingeebneten Resten der Kaiserpaläste errichtet. Das Bethaus musste sich mit seiner Architektur im Stadtbild gegenüber der Hagia Sophia behaupten, daher markieren sechs anstatt der sonst üblichen vier Minarette die Ecken des Gebäudes und des Vorhofs. Bis zu diesem Zeitpunkt besaß nur die Kaaba-Moschee in Mekka sechs Minarette.

Um Protesten gegen diese Anmaßung zu begegnen, stiftete der Sultan in Mekka noch ein weiteres, siebtes Minarett.

In der Mitte des von Arkaden eingefassten Vorhofs liegt der *şadırvan* (Reinigungsbrunnen). Seine kleine Kuppel lenkt den Blick auf das ausgeklügelte, lastabführende Stützsystem mit Haupt- und Nebenkuppeln. Innen tragen kräftige Rundpfeiler die Kuppelkonstruktion (die Scheitelhöhe der Hauptkuppel beträgt 43 m, sie hat einen Durchmesser von 23 m) und schaffen zusammen mit dem umlaufenden Gesims einen einheitlichen Zentralraum für das tägliche Gebet. Die Ausstattung ist leider nur noch teilweise original erhalten: Dort, wo die Fliesen fehlen oder wo man schon damals trotz höchsten Befehls des Sultans mit der Produktion der glasierten Ware nicht mehr nachkam, dienen weniger qualitätvolle Malereien als Dekoration. Ahmet I., der die Moschee in Zeiten angespannter Staatsfinanzen in Auftrag gegeben hatte, wollte dem Ziel aller islamischen Pilgerfahrten, Mekka, ein Stück näher sein und ließ als Reliquie ein Bruchstück des schwarzen Kaaba-Steins in die Gebetsnische *(mihrab)* einsetzen. Lange konnte der Sultan seine fromme Stiftung nicht mehr genießen, er verstarb kurz nach der Einweihung.

Im Untergrund

Yerebatan Sarayı 7, der ›Versunkene Palast‹ (auch: Yerebatan Sarnıcı) macht seinem Namen alle Ehre. Wie in einem gewaltigen unterirdischen Thronsaal mit 138 m Länge und 65 m Breite kann man auf Stegen durch diesen Wasserspeicher aus dem 6. Jh. wandeln, der ein Fassungsvermögen von 80 000m³ hat. 336 Säulen mit korinthischen Kapitellen, die teilweise als Bruch- und Werkstücke nur noch beim

Die Sultan-Ahmet-Moschee ist die größte Moschee Istanbuls

unterirdischen Wasserspeicherbau ein- gesetzt werden konnten, tragen über Gurtbögen ein etwa 11 m hohes Zie- gelgewölbe. Diese relativ erdbebensi- chere Konstruktion diente in vielen Fäl- len auch als Substruktion für andere überirdische Bauten. Weitere Bauteile antiker Architektur wie die liegenden Medusen-Häupter wurden als Säulen- basen wieder verwendet. Ein mysti- sches Erlebnis!

… und die Zisterne der ›1001 Säulen‹

Die **Binbirdirek-Zisterne** 8 ist der zweitgrößte antike Wasserspeicher der Stadt. Auf einem nahezu quadratischen Grundriss erheben sich 224 Säulen, die ein Ziegelgewölbe mit einer Raumhöhe von etwa 13 m tragen. Neben offenen Zisternen wurden in Konstantinopel zahlreiche unterirdische Wasserspeicher gebaut. Auf große Wasservorräte, die vor allem über den Valens-Aquädukt herangeführt wurden, war man beson- ders im Fall einer Belagerung der Stadt angewiesen. Jedes Stadtviertel besaß schon in der Römerzeit eine oder meh- rere solcher Zisternen, von deren Fas- sungsvermögen ganz entscheidend die Lebensqualität der Bewohner abhing. Jahrelang war dieses Zeugnis oströmischer Ingenieurbaukunst aus dem 4. Jh. unzugänglich. Jetzt liegt die Vermarktung des Kulturguts in privaten Händen.

Ist die Anlage nicht für Events und Feierlichkeiten vermietet, kann sie besichtigt werden.

Praktische Infos

Yerebatan Sarayı: Sultanahmet, Yerebatan Caddesi 13, Tel. 0212 522 12 59, www.yerebatan.com, tgl. 9–17.30, im Sommer bis 18.30 Uhr, Eintritt 7 €.
Binbirdirek-Zisterne: Sultanahmet, İmran Öktem Caddesi 4 (südlich der Divanyolu Caddesi), Tel. 0212 518 10 01, www.binbirdirek.com, tgl. 9–20 Uhr, Eintritt 4,50 €.

Für den kleinen Hunger

Seit über 90 Jahren im Dienste des guten Geschmacks: Der **Sultanahmet Köftecisi** 1 (Sultanahmet, Divan Yolu Caddesi 12, Tel. 0212 520 05 66, www.sultanahmetkoftesi.com, tgl. 11–23 Uhr) ist eine wirkliche Instituti-

on und genau richtig für einen kleinen Imbiss. Außer Kalbfleisch, Salz und Zwiebeln kommt nichts anderes in die lecker gegrillten Köfte, die hier als Tellergericht, sowie als *köfte dürüm,* eingerollt in dünnes Fladenbrot mit Salat angeboten werden. Dazu trinkt man einen erfrischenden Ayran.

Ein gemütlicher Teegarten

Mit der pittoresken Ostseite der Blauen Moschee im Blick lässt sich im familienfreundlichen **Derviş Çay Bahçesi** 2 (Sultanahmet, Kabasakal Caddesi 1/2, Tel. 0212 516 40 65, tgl. 7–24 Uhr) gut eine Pause einlegen. Bei Tee, Toast, Ayran und Erfrischungsgetränken kann man die nächsten Streifzüge planen.

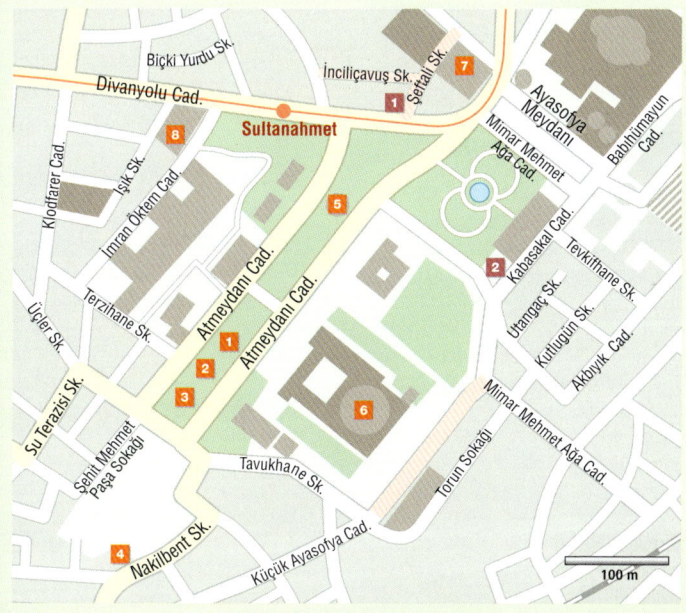

2 | Stein gewordener Glaube – die Hagia Sophia

Karte: ▶ J 7 | **Anfahrt:** Tramvay T1: Sultanahmet

Mächtigster Kuppelbau der byzantinischen Welt und »schöner als Salomons Tempel in Jerusalem«, kurz ein achtes Weltwunder! Kein Superlativ erscheint angemessen genug, um die Bedeutung der Hagia Sophia zu preisen, deren Architektur und Ausstattung im Kopf des Betrachters ein sehr lebendiges Bild der Zeit entstehen lässt, in der Istanbul noch Konstantinopel hieß.

Die **Hagia Sophia** **1** ist das berühmteste Gotteshaus des frühen Christentums und nach dem römischen Petersdom der zweitgrößte Kuppelbau der Welt, der schon die Zeitgenossen wie die Historiker und Schriftsteller Prokopios und Paulos Silentiarios (6. Jh.) in ihren panegyrischen Beschreibungen zu wahren Begeisterungsstürmen hinriss. Der Name stammt aus dem Grie-

chischen und bedeutet ›Heilige Weisheit‹. Eine Kirche diesen Namens an dieser Stelle hatte wohl schon Kaiser Konstantin im 4. Jh. geplant, unter Theodosius II. folgte ein Neubau als fünfschiffige Basilika. Nach der Zerstörung des Baus durch ein Erdbeben wurde die Hagia Sophia unter Kaiser Justinian ab 532 durch den Mathematiker Isidoros von Milet und den Architekten Anthemios von Tralles in nur sechs Jahren errichtet. »Salomon, ich habe dich übertroffen«, soll Kaiser Justinian angesichts der Vollendung dieses Bauwerks gerufen haben.

Die Hagia Sophia wurde schon früh in der Funktion einer Staatskirche genutzt. Neben der heute verschwundenen Apostelkirche und ihrem Mausoleum als Grablege der kaiserlichen Familie fanden hier alle großen kirchlichen Zeremonien in Anwesenheit des Kaisers statt. Seit Mitte des 7. Jh. wurden fast alle byzantinischen Herrscher in der Hagia Sophia gekrönt. Nach der Eroberung 1453 ritt Sultan Mehmet II. Fatih demonstrativ auf dem Pferd in die riesige Kuppelhalle und nahm sie auf diese Weise für den Islam in Besitz. Als zu Beginn des 20. Jh. das Kalifat abgeschafft wurde, versuchten Istanbuler Christen erfolglos, die Kirche wieder dem ursprünglichen Kultus zuzuführen. Atatürk empfahl 1934 seinem Ministerrat, die Hagia Sophia kurzerhand in ein Museum umzuwandeln. Heute gehört dieser spätantike Wunderbau zum UNESCO-Weltkulturerbe.

Eine kühne Konstruktion

Viele Jahre standen in der dunklen, geheimnisvollen Kuppelhalle bis in die Spitze der Hauptkuppel reichende Gerüste, denn Architekturglieder und Stützkonstruktionen wurden vermessen und auf Schäden untersucht. Dadurch war die überwältigende Raumwirkung der Hagia Sophia mit einem lichtdurchfluteten Kuppeltambour, der die Schale fast frei schweben lässt (Scheitelhöhe 56,2 m mit 31 m Durchmesser), beeinträchtigt. 2011 wurde das Gerüst entfernt.

Die kühne Konstruktion, deren Last über die Schildbögen und mächtigen Pfeiler abgeleitet wird, wurde mehrfach bei Erdbeben zerstört, aber immer wieder neu aus Ziegeln aufgemauert. In der Höhe des Hauptraums prangen gewaltige Schilde mit islamischen Kalligraphien, die Allah, seinen Propheten Mohammed und verschiedene Kalifen nennen. Zur kostbaren bis verschwenderischen Ausstattung gehören u. a. die kunstvollen, durchbrochen gearbeiteten Kapitelle der Säulen, Wandverkleidungen aus wertvollen, farbigen Marmorsorten, Bodenplatten in Opus-sectile-Technik sowie die wundertätige ›schwitzende Säule‹, die auf Geheiß Justinians aus allen Teilen des damaligen Reiches als Baumaterialien herangeschafft wurden.

Goldglanz der Mosaiken

Es geschehen immer wieder Zeichen und Wunder: Erst im Sommer 2009 hat man unter einer Putzschicht ein lange vergessenes Mosaikfeld in der Hagia Sophia wieder aufgedeckt: den ausdrucksstarken Kopf eines Erzengels mit sechs Flügelpaaren. Ansonsten sind die viel gerühmten Mosaiken nach byzantinischem Bilderstreit und osmanischer Übertünchung heute stark dezimiert und stellen nur noch einen Bruchteil dessen dar, was einst vorhanden gewesen sein muss. Aber auch diese Reste sind extrem beeindruckend und zählen zum Besten, was aus Byzanz aus dem 9./10.–13. Jh. überliefert ist. In der Apsis thront die Gottesmutter mit dem Christusknaben in Begleitung eines Erzengels, und über den inneren Portalen erscheinen die Kaiser (Kaiser Leon VI. in demütigem Kniefall vor Christus über der Kaisertür der Vorhalle sowie Konstantin und Justinian, die die Stadt- bzw. Kirchenmodelle der Gottesmutter darbringen, über der ›Orea Porta‹, der ›schönen Tür‹ an der Südseite der Vorhalle).

Auf der Empore kann man die Mosaiken auch aus nächster Nähe studieren: das berühmte Deesis-Mosaik (›Fürbitte‹, der segnende Christus als Weltenrichter mit Maria und Johannes dem Täufer), das vermutlich um 1261 entstanden ist, und in weiteren Bildfeldern einige sehr sehenswerte und historisch aufschlussreiche Kaiserporträts wie das der Kaiserin Zoë (reg. zw. 1042 und 1056), die dreimal in ihrem Leben verheiratet war. Daher mussten auch die Mosaikporträtköpfe ihrer Männer immer wieder dem jeweiligen Stand der ehelichen Beziehung angepasst, also ausgetauscht werden. Auch das Porträt der Kaiserin wurde zum Vorteil der Dargestellten manipuliert, dem Wunsche nach ewiger Jugend folgend, denn zum Zeitpunkt ihrer letzten Vermählung war Zoë eine alte Frau von 60 Jahren. Das Kaiserpaar steht zu Seiten des thronenden Christus. Konstantin IX. Monomachos bringt das sogenannte Apokombion, eine Geldspende, und die Kaiserin hält die zugehörige Schenkungsurkunde in der Hand. Rechts daneben wiederholt sich die Dreiergruppe in einem späteren Mosaik (12. Jh.), das Johannes II. Komnenos und seine ungarische Gattin Eirene und ihren ältesten Sohn Alexios zeigt. Allerdings huldigen die hohen Herrschaften hier der Gottesmutter mit dem Christusknaben auf dem Schoß. In dem der Hagia Sophia angeschlossenen **Teegarten** 1 , wo antike Kapitelle als Tischchen dienen, kann man den Museumsbesuch bei Tee, Ayran und Toast ausklingen lassen.

In der Umgebung interessant

Hinter der Hagia Sophia liegen an der **Soğukçeşme Sokak** 2 farbig gefasste Holzhäuser, deren behutsame Restaurierung vom rührigen Leiter des Türkischen Touring und Automobilclubs, Çelik Gülersoy Ende der 80er-Jahre des 20. Jh. initiiert wurde. Zu diesen Pionierleistungen der Stadtbildpflege und Instandsetzung des historischen Erbes gehören auch das zwischen Hagia Sophia und Blauer Moschee gelegene **Yeşil Ev** 2 (›Grünes Haus‹, heute ein Hotel mit hübschem Restaurant) und das Viertel rund um die Kariye Camii in Edirnekapı (s. S. 48). Ein Paradebeispiel, das Schule gemacht hat, wie zahlreiche Nachfolgeprojekte der UNESCO in Fener und Balat, der Stadtverwaltung in Zeyrek oder des Deutschen Archäologischen Institutes zur Bestandsaufnahme und Bewahrung der hölzernen Baukultur Istanbuls zeigen.

Praktische Infos

Ayasofya Camii Müzesi (Hagia Sophia): Sultanahmet, Ayasofya Meydanı, Tel. 0212 522 17 50, www.ayasofya muzesi.gov.tr, im Sommer Di–So 9–19, sonst Di–So 9–17 Uhr, letzter Einlass 1 Std. vor Schließung, Eintritt 10,50 €.

Souvenirs ohne Nepp

In einem Teil der **Caferağa Medresesi** 1 (Sultanahmet, Caferiye Sokak/ Soğukkuyu Çıkmazı 1, Tel. 0212 259 31 01, www.tkhv.org), die von der Türk Kültürüne Hizmet Vakfı 1985 restauriert wurde, bietet man authentisches türkisches Kunsthandwerk zum Kauf an. Der Entwurf dieser Koranschule aus dem 16. Jh. wird übrigens keinem Geringeren als Sinan zugeschrieben. Wer bei längerem Istanbul-Aufenthalt selbst aktiv werden will, kann eines der mehrtägigen Kursangebote buchen, die in verschiedene traditionelle Techniken wie Miniaturmalerei, Schmuckherstellung oder Papiermarmorieren kompetent einführen. Dazu gibt es geführte, ebenso charmant wie kompetent erläuterte Stadtrundgänge (alle Angebote können auch in englischer Sprache gebucht werden).

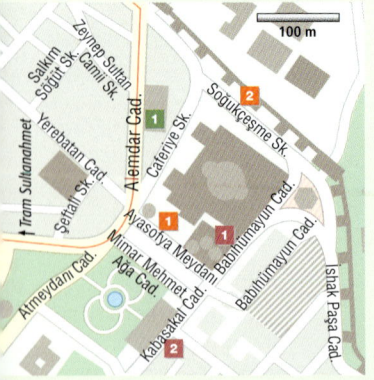

3 | Träume vom Orient – der Topkapı-Palast

Karte: ▶ J 6 | **Anfahrt:** Tramvay T1: Sultanahmet

Die weitläufige Anlage des alten osmanischen Serails ist keine auftrumpfende Palastarchitektur, sondern ein locker mit Pavillonbauten durchsetztes Parkgelände mit weltberühmten Sammlungen islamischer Kunst. Und dann der Harem mit Erinnerungen an Geschichten wie aus Tausendundeiner Nacht …

Nach der Einnahme Konstantinopels 1453 wohnte der Sultan mit seinem Harem zuerst im Eski Saray (›Alter Palast‹) auf dem Areal der heutigen Istanbul-Universität. Erst nach einem Brand um 1541 verlegte Sultan Süleyman den Harem in den Topkapı Sarayı (›Kanonentor-Palast‹) auf der antiken Akropolis, wo die Sultane bereits zuvor die meiste Zeit inmitten ihrer dort stationierten Truppen verbracht hatten. Das Areal wurde zu einer ausgedehnten Residenzstadt umgestaltet, bis die Osmanen im 19. Jh. in den Dolmabahçe-Palast (s. S. 72) umzogen. Der Komplex beherbergt heute zahlreiche Sammlungen, die das Alltagsleben am Sultanshof veranschaulichen. Der legendäre Harem, Mittelpunkt des höfischen Lebens der Herrscher, ist vom zweiten Hof aus erreichbar. An der Kasse dort kauft man ein Extra-Ticket und am besten auch den speziellen Audioguide.

Brunnen Ahmets III.

Noch bevor man das weitläufige Palastareal betritt, passiert man den **Sultan Ahmet III Çeşmesi**. 1728 wurde dieses Brunnenhaus im Stil des türkischen Rokoko errichtet. Alle Ecken des Baus sind als *sebil* ausgebildet, durch deren Bronzegitter Passanten Trinkwasser gereicht werden konnte. Im umlaufenden Schriftfries mit Versen des Dichters Seyit Vehbi (†1736) wird das erquickende Nass mit dem Wasser des Brunnens in Mekka und im Paradies verglichen.

Der erste Hof

Geht man durch das erste Tor, das **Bâb-i-Hümayun** (›Tor des Reichs‹), liegt links die nur zu Konzerten und Ausstellungen zugängliche Kirche **Hagia Eirene** (Aya Irini), eine konstantinische Gründung. Das heutige Bild der ›Irenenkirche‹ entspricht weitgehend dem ab 740 erneuerten Bau, der unter den Osmanen als Waffenarsenal genutzt wurde. Die Innenausstattung der Kirche, die heute z. B. beim Istanbul Festival als Konzertsaal dient, ging fast ganz verloren: Im Chorhaupt dominiert allein ein monumentales Goldmosaikkreuz die Apsis. Nebenan schließen sich die Gebäude des **Darphane** an, der Münze der Sultane, erbaut 1727. In diesem Komplex werden Sonderausstellungen zu kulturhistorischen Themen gezeigt.

Der zweite Hof

Während der Zutritt zum ersten Hof mit Werkstätten, Hospital und dem Lager der Janitscharen jedermann gestattet war, begann hinter dem **Bâb-üs-Selâm 1** (›Tor der Begrüßung‹, auch Orta Kapı, ›Mitteltor‹) das eigentliche Palast-Areal. Heute ist hier die Kasse für den Museumsbereich. Der zweite Hof war einst eine von Tieren bevölkerte Parklandschaft. Auf der rechten Seite befindet sich der **Küchentrakt 2**, leicht an den vielen Schornsteinen zu erkennen. In den zehn Sälen wird heute eine wertvolle Porzellansammlung gezeigt. Gegenüber liegt das **Kubbe Altı 3** mit einer offenen Vorhalle. Dort residierten in drei überkuppelten Räumen mit prachtvoll vergoldeten Gittertoren der Großwesir, der osmanische Staatsrat (Divan) sowie die Finanzverwaltung (Iç Hazine).

Hinter dem 41 m hohen Turm der Gerechtigkeit liegt der Haupteingang des Harems. Dahinter schließt auf tieferem Niveau der Hof der Beiltäger an,

wo die Leibgarde des Sultans ihr Quartier hatte. Dort lagen auch die **Stallungen 4** des Palastes, in denen jetzt die osmanischen Kutschen gezeigt werden.

Der dritte Hof

Den dritten Hof betritt man durch das **Bâb-üs-Saadet 5** (›Tor der Glückseligkeit‹). Unter seinem vorspringenden Dach inthronisierte man den neuen Sultan, der dort auch zu den großen islamischen Feiertagen Glückwünsche entgegennahm. Hinter dem Tor versperrt der Audienzpavillon (Arz Odası) den Blick auf den dritten Hof, dessen Gebäude zu großen Teilen als Palastschule dienten. Im Zug der »Knabenlese« *(devşirme)* kamen hauptsächlich Kinder christlicher Eltern hierher. Weiße Eunuchen übernahmen die Erziehung der 12- bis 18-jährigen Jungen und bildeten sie zu Staatsbeamten (türk. *ağa*, davon ist das Wort Page abgeleitet) aus. Für sie war der quer im Hofgelände stehende Ağalar Camii bestimmt.

Im **Şeferli Koğusu 6**, dem ersten Gebäude rechts, lebten die Pagen, die den Sultan auf seinen Reisen begleiteten, jetzt sind hier osmanische Gewänder ausgestellt. In der angrenzenden **Schatzkammer 7** (Hazine Dairesi) wurden die Reichtümer der Herrscher verwahrt. Glanzpunkte der Sammlung sind die Thronsessel, das Schwert Osmans, der Löffelmacher-Diamant sowie der filmbekannte Topkapı-Dolch. Im **Hirka-i Saadet Dairesi 8** an der Nordecke des Hofs kann man die heiligsten Reliquien des Islam besichtigen, die Sultan Selim I. 1517 von seinem Ägyptenfeldzug mitbrachte: Mohammeds Mantel und Banner werden in einem silbernen Schrein aufbewahrt, in Vitrinen sind Schwert, Barthaar, Zahn, Siegel und ein Fußabdruck des Propheten ausgestellt, in einem angrenzenden

Raum christliche Reliquien, darunter der Arm Johannes des Täufers.

Harem und vierter Hof

Der vierte Hof war einst das Privatareal der Sultane. Den **Revan Köşkü,** einen Pavillon neben dem ehemaligen Tulpengarten, ließ Murat IV. nach der Eroberung Eriwans 1635 errichten. Über eine Terrasse mit Wasserbassin und eine Wandelhalle gelangt man zum **Sünnet Odası,** wo die Beschneidung der Prinzen vollzogen wurde. Markanter Blickpunkt ist der **İftariye Köşkü** Ibrahims I. Unter einem goldenen Dach nahm der Sultan das *iftar* zu sich, die abendliche Mahlzeit im Fastenmonat Ramadan. Anlässlich der Eroberung Bagdads ließ sein Vorgänger Murat IV. an der Nordecke des Hofs den **Bağdat Köşkü** 9 mit einem ausladenden Dach erbauen. Vom **Mecidiye Köşkü** 10 aus gelangt man zum tiefer liegenden Restaurant Konya-

lı mit schöner Aussicht auf den Bosporus. Ein Rundgang durch den **Harem** 11 beginnt im zweiten Hof. Schätzungen zufolge beherbergte die labyrinthartige Anlage in Blütezeiten bis zu 1600 Bewohner, neben dem Sultan und seiner Familie etwa 1000 Frauen und 600 Eunuchen. Auf einer Wohnfläche von ca. 6700 m^2 sind in dem drei- bis fünfgeschossigen Komplex an die 300 Räume verteilt. Die unter Sultan Süleyman aus Holz errichteten Gebäude wurden erstmals unter Murat III. durch Steinbauten ersetzt. Die imposantesten Räume des Harems befinden sich im Sultanstrakt. Im Hünkâr Sofası ›Herrscher-Salon‹ saß der Sultan unter einem Baldachin, während auf der Empore Musikanten zur Unterhaltung aufspielten. Durch einen Brunnenraum gelangt man in den von Sinan konzipierten Murat III. Sofası, dessen Wände mit kostbaren İznik-Fliesen gekachelt sind.

Praktische Infos

Topkapı Sarayı: Sultanahmet, Bab-i Hümayun Caddesi, Tel. 0212 512 04 80, www.topkapisarayi.gov.tr (mit virtueller Tour durch die Gebäude), Mi–Mo 9–17, im Sommer 9–19 Uhr, Eintritt 10,50 €; Harem: 9.30–16 Uhr, nur mit Führung, zusätzlicher Eintritt Eintritt 5 €.
Tipp: Im Sommer tritt in unregelmäßigen Abständen die mit schwerem Harnisch bekleidete Janitscharen-Kapelle vor dem Tor der Glückseligkeit auf.

Essen

Das **Konyalı Restaurant** 1 befindet sich im Innern des alten Palastviertels auf wunderschönen Terrassen hinter dem vierten Hof. Die Preise sind moderat; serviert wird traditionelle türkische Küche (Sultanahmet, Topkapı Müzesi, Tel. 0212 513 96 96, www.konyalilo

kantasi.com, nur Frühstück und Mittagstisch, Mi–Mo 8.30–16.30 Uhr, à la carte 25 €).

Tram Sultanahmet

4 | Schatzhaus der antiken Kunst – Archäologisches Museum

Karte: ▶ J 6 | **Anfahrt:** Tramvay T1: Gülhane

Schon wieder ins Museum? Auch bei durchgehend schönem Wetter: Verpassen Sie nicht die Gelegenheit, eine der bedeutenden archäologischen Sammlungen der Welt zu besichtigen. Highlight ist der marmorne Alexandersarkophag – sehr gut, dass im Eintrittsticket auch gleich das Museum alter Kulturen Anatoliens und der Fayencenpavillon inbegriffen sind. Erholen kann man sich im angeschlossenen Teegarten.

Das **Arkeoloji Müzesi İstanbul** 1 ist das bedeutendste Museum seiner Art in der ganzen Türkei. Es bewahrt Fundstücke zur Zivilisationsgeschichte von den Griechen bis in die späte Zeit der byzantinischen Herrschaft. Am Anfang stand wie so häufig ein Einzelner mit seiner Vision: Osman Hamdi Bey, Archäologe und Künstler (sein berühmter »Schildkrötendompteur« von 1906 ist im Pera Müzesi zu sehen) erhielt 1881 vom Sultan persönlich den Auftrag, den Sammlungsbestand gezielt zu mehren; dies in einer Zeit, als man für archäologische Funde ein Ausfuhrverbot beschlossen hatte und Provinzgouverneure angehalten waren, alle neuen beweglichen Stücke in der Hauptstadt zu melden.

Am 13. Juni 1891 konnte das Müze-i Hümayun (Museum des Reiches) der Öffentlichkeit übergeben werden – damals mit für das Publikum meist nicht zugänglichen Fürstensammlungen eine Großtat. Nachdem anfänglich die archäologischen Fundstücke noch im Çinili Köşk untergebracht waren, reichte der Platz ob der Sammelleidenschaft der Sultane schon bald nicht mehr aus. So wurde der Architekt Alexandre Vallaury (1850–1921) mit dem Bau einer repräsentativen Mehrflügelanlage im neoklassizistischen Stil beauftragt.

Aus Purpur geboren

Im weitläufigen Hof sind die monumentalen Porphyrsarkophage der spätrömischen Kaiser (4./5. Jh.) aufgestellt, die z. T. aus dem Mausoleum an der **Apostelkirche,** der kaiserlichen Grablege stammen. Porphyr ist ein rötliches Vulkangestein, das in der Antike in Ägypten gebrochen wurde. Porphyr (Purpur) galt dabei als emblematische Farbe der Kaiser.

Besondere Aufmerksamkeit verdienen einzelne, kunstvoll gearbeitete Architekturnischen an der Westseite des Hofes. Sie wurden bei den Ausgrabungen der **Polyeuktos-Kirche** in den 60er-Jahren gefunden. Neben Weinblattdekor und Pfauenfedern sind sie mit Fragmenten einer griechischen Inschrift verziert. Diese preist die Stifterin, die Prinzessin Anicia Juliana, und ihre Kirche in den höchsten Tönen (6. Jh.).

Zu den Glanzstücken zählt der berühmte hellenistische **Alexander-Sarkophag** (um 320 v. Chr.) aus der Nekropole von Sidon (im heutigen Libanon), den Osman Hamdi Bey 1887 höchst selbst bei einer Ausgrabung zutage förderte. Effektvoll ist der Sarkophag mit künstlicher Beleuchtung und auf rotem Teppich inszeniert: Die ungemein lebendig wirkenden Reliefs aus pentelischem Marmor zeigen Kämpfe zwischen Makedonen und Persern, darunter Alexander der Große hoch zu Ross und verschiedene Tierjagden. Farbspuren belegen, dass der Sarkophag in der Antike vollständig bemalt war. Dabei muss der griechische Künstler auch eine genaue Kenntnis der persischen Kunst gehabt haben: Die Innenseite eines Kriegsschildes zeigt noch die schwachen Umrisse einer gemalten Audienzszene am persischen Königshof. Alexander der Große war allerdings nie in diesem Sarkophag bestattet – vielmehr suchte sich ein phönikischer Lokalfürst mit den Heldentaten des Makedonenkönigs zu identifizieren und ließ das Meisterwerk schon zu Lebzeiten aus dem Stein meißeln.

Benachbart steht der **Klagefrauen-Sarkophag** (361/358 v. Chr.), der wie ein Miniaturtempel gestaltet ist und auf seinen Reliefs trauernde Frauen zeigt. Diese Symbolik wird auf dem Deckel mit einem umlaufenden Trauerzug wieder aufgenommen.

Im Erdgeschoss des Museums werden weitere Funde aus der griechischen Antike präsentiert, so die Architekturfragmente des dorischen Tempels von **Assos,** Statuen aus den Thermen von **Milet** an der türkischen Ägäisküste oder der berühmte **Ephebe von Tralles,** ein in einen Mantel gehüllter Jüngling, der sich nach sportlicher Betätigung in Ruhepose an einen Pfeiler lehnt (1. v. bis 1. Jh. n. Chr.).

Sehenswert ist auch die **Porträtgalerie (ost)römischer Kaiser** mit wirklichen Charakterköpfen wie Marc Aurel, Diokletian oder Arkadios (um 400 n. Chr.). Weitere spätantike Plastiken aus Aphrodisias in Karien, bei denen eine individuelle Behandlung des Gesichts einem stilisierten Ausdruck mit Betonung der Frontalität weicht, ergänzen dieses Herrscherpantheon.

Byzantinische Funde

Nicht verpassen sollte man auch die umfängliche **Byzantinische Abteilung:** Skulpturen, Ikonen, Sarkophage und Kleinkunst vermitteln ein lebendiges Bild des alten Konstantinopel. Das zeitliche Spektrum reicht von spätantiken Tischplatten bis zu figürlichen Kapitellen aus der Paläologenzeit (14. Jh.). Besonders erwähnenswert sind die Porphyrios-Basen, die zu Ehren des gleichnamigen Wagenlenkers einst im Hippodrom gestanden haben. Man sieht u. a. den Kaiser, der den Siegespreis verleiht.

Sogar die Namen der siegreichen Pferde sind erwähnt (5./6. Jh.). Hier werden auch erste Funde und Dokumentationsfotos aus dem **Hafen des Theodosius** am Yenikapı gezeigt, der bei Bauarbeiten für das Marmaray-Projekt entdeckt wurde.

Die Entdeckung etlicher erstaunlich gut erhaltener Schiffswracks mitsamt der Ladung brachten die Bohrarbeiten für den Tunnel kurzfristig zum Erliegen. Der Hafen war damals ein wichtiger Handelsumschlagplatz und Handelsbeziehungen der Byzantiner reichten von der Schwarzmeerregion bis nach Ägypten.

Der älteste Friedensvertrag der Welt

Auch wenn ausnahmsweise Ankara mit seinem Museum der anatolischen Zivilisationen die Nase vorn hat, ist das **Eski Şark Eserleri Müzesi** 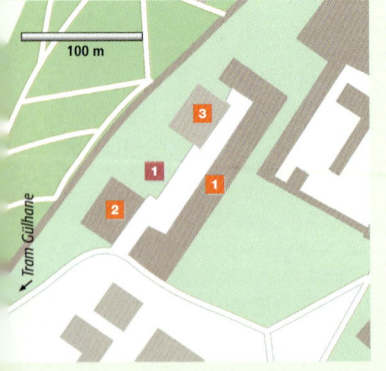 einen Abstecher wert. Seit dem 19. Jh. erhielt das Museum spektakuläre Großfunde aus Grabungen in Anatolien und Meso-

potamien und kann mit Hinterlassenschaften so unterschiedlicher Zivilisationen wie Babylon, Urartu, Mitanni oder der Hethiter aufwarten. Zu den herausragenden Stücken gehören sicher die Bauteile vom Ischtar-Tor und der Löwenstraße aus Babylon (7. Jh. v. Chr.), die mit glasierten Ziegeln verziert sind.

Ein historisch besonders bedeutendes Dokument ist eine kleine Keilschrifttafel, die die Friedensbedingungen zwischen Hethitern und Ägyptern nach der Schlacht von Kadesch festlegt. Der Text nennt den hethitischen König Hattuschili III. und Pharao Ramses II. (um 1270 v. Chr.). Eine Replik dieses ersten schriftlichen Friedensvertrages ziert das UN-Gebäude in New York.

Zum Museum gehört auch der **Çinili Köşk** ein mit Fliesen verzierter Pavillon von 1472, in dem eine reiche Sammlung türkischer Fliesenkunst aus seldschukischer und osmanischer Zeit aufbewahrt wird, vor allem sehr schöne Erzeugnisse aus İznik.

Praktische Infos
Arkeoloji Müzesi Istanbul (Archäologisches Museum): Gülhane, Osman Hamdi Bey Yokuşu, Tel. 0212 520

77 40, Di–So 9–19 Uhr, letzter Einlass 1 Std. vor Schließung, Eintritt 5 €, www.istanbularkeoloji.gov.tr, Tramvay T1: Gülhane.

Tram Gülhane
100 m

Tee und Antike
Fast noch schöner als der an der Hagia Sophia, präsentiert sich dieser **Teegarten** als Oase der Ruhe im Hof des Archäologischen Museums. Kleine Snacks und Getränke sind jetzt nach einem längeren Museumsbesuch genau das Richtige. Im Schatten unter großen Bäumen sitzend, die antiken Statuen, Säulen oder Kapitelle des Openair-Depots immer im Blick, scheint die Zeit still zu stehen. Vom Getriebe der Millionenstadt ist kaum etwas zu hören. Himmlisch!

5 | Spuren des Kaiserpalastes – zur Sokullu-Moschee

Karte: ▶ H 7/8 | **Anfahrt:** Tramway T1: Sultanahmet, Fußweg 15 Min.

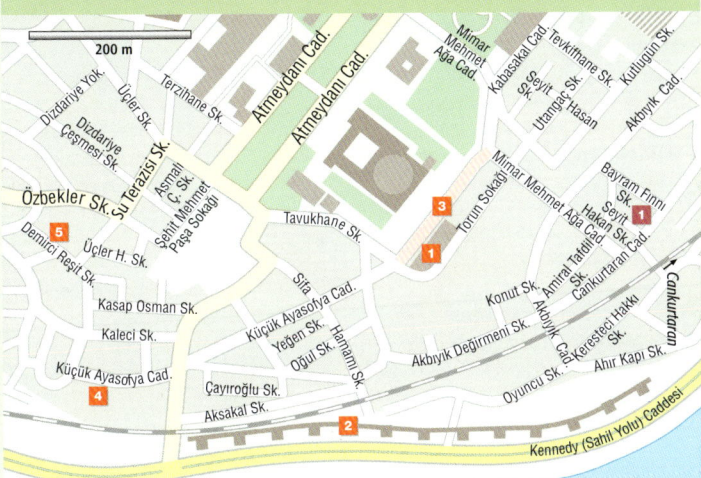

Auf Entdeckungstour in einem traditionellen Stadtviertel am Marmarameer und dabei immer in fußläufiger Weite zu den großen Sehenswürdigkeiten. Beim Durchstreifen stößt man auf gemütliche, privat geführte Hotels in alten Holzhäusern oder kleine Restaurants mit fangfrischem Fisch. Vom einst weiten Areal der byzantinischen Kaiserpaläste kündet heute noch das anschauliche Mosaikenmuseum.

Abseits der manchmal allzu ausgetretenen Tourismuspfade führt ein kleiner Rundgang in Richtung Marmarameer. Man beginnt zunächst mit einem kurzen Abstecher ins **Mozaik Müzesi 1** (durch den Arasta Bazaar zu erreichen).

Nur allzu wenig blieb von den gewaltigen Palästen der byzantinischen Kaiser übrig, die sich einst auf dem riesigen Areal zwischen Hagia Sophia, Hippodrom und Marmarameer erstreckten. Ausgrabungen waren aufgrund späterer Bebauung immer schwierig, wenn nicht im zentralen Bereich unter der Sultan Ahmet Camii unmöglich.

Umso schöner, dass in den 1930er- und 50er-Jahren wenigstens ein großer Mosaikfußboden als farbenfroher Rest eines von Säulen umstandenen Hofs aus dem 5./6. Jh. zutage gefördert werden konnte. Österreichische Archäologen restaurierten in mühevoller Kleinarbeit 15 Jahre lang diesen Mosaikfußboden. Seine Darstellungen aus Natur und Mythologie spielen vielleicht auf große Jagdgesellschaften oder auf

Landschaftsgärten mit Gehegen wilder Tiere an, die einst zum Palastkomplex gehörten. Aber auch Genreszenen wie Rad spielende oder Kamel reitende Knaben gehörten zum Bildrepertoire dieser spätantiken Mosaikwerkstatt. Ebenfalls gut sichtbar sind die Mauerzüge des spätantiken **Bukoleon-Palastes** 2 entlang der Kennedy Caddesi (Sahil Yolu).)

Wem jetzt nach Traditionsshopping zumute ist, der kann wieder den Weg zum **Arasta Bazaar** 3 einschlagen, der in einer Art offener Ladenstraße zahlreiche Mitbringsel für daheim offeriert: schöne Kilims, teuren Silberschmuck oder auch die fast obligate Wasserpfeife.

Byzanz leuchtet wieder
Die **Küçük Ayasofya Camii** 4 , die kleine Hagia Sophia, stammt aus dem 6. Jh. und ist heute eine Moschee. Ursprünglich war sie Teil einer Doppelkirchenanlage (Sergios- und Bakchos-Kirche). Acht Pfeiler stützen die aus 16 Lamellen gebildete Kuppel. Zwischen den Pfeilern sind auf zwei Etagen Säulenpaare eingestellt, die unteren werden von einem durchlaufenden Architrav bekrönt, der eine Stifterinschrift trägt. Diese wie auch die Monogramme auf den Kapitellen nennen Kaiser Justinian

und seine Gattin Theodora. Leider sind die durchbrochen gearbeiteten Kapitelle, die denen der ›großen‹ Hagia Sophia vergleichbar sind, der letzte Rest einer einstmals aufwendigen Ausstattung. 2007 wurde der Bau auf Anregung des Istanbuler Oberbürgermeisters Kadir Topbaş einer in der Fachwelt umstrittenen Restaurierung unterzogen.

Von dort aus geht es zur malerisch gelegenen **Sokullu Mehmet Paşa Camii** 5 , einer Moschee, die über den Resten einer byzantinischen Kirche errichtet wurde. Stifter waren der einflussreiche Großwesir Sokullu Mehmet Paşa und seine Frau Esmahan Sultan. Sie ließen die Moschee natürlich von Hofarchitekt Sinan entwerfen. Der schuf 1571 eine Kuppelmoschee, die sich in ihrer Gestaltung nicht mehr am bis dahin übermächtigen Vorbild der Hagia Sophia orientiert, sondern eine neue Lösung für einen Zentralraum präsentiert: sechs mächtige Pfeiler markieren ein Sechseck, das in einen rechteckigen Grundriss eingeschrieben ist. Dabei rahmen jeweils zwei schräg gestellte Halbkuppeln die Mittelkuppel. Die farbige Fliesendekoration konzentriert sich vor allem auf die Wand mit der Mihrab-Nische, lenkt also den Blick des Betrachters auf die religiös bedeutsamen Teile des Innenraums.

Praktische Infos
Mozaik Müzesi: Sultanahmet, Arasta Çarşısı (durch den Arasta-Basar zu erreichen), Tel. 0212 518 12 05, Di–So 9–19 Uhr (Sommer), sonst 9–17 Uhr, Eintritt 3,50 €.

Fischrestaurant
Das in Richtung Marmarameer liegende Lokal **Balıkçı Sabahattin** 1 (Cankurtaran, Seyit Hasan Kuyu Sokak 1, Tel. 0212 458 18 24, www.balikcisaba hattin.com, tgl. 12–1 Uhr) ist seit 1927 ein traditionelles Fischrestaurant im fast dörflich wirkenden Altstadtviertel zwischen Blauer Moschee und den Resten der Seemauer. Die Lage des osmanischen Holzhauses nahe der Bahnlinie ist nicht ideal, das vorzügliche Essen kompensiert aber diesen kleinen Nachteil. Neben einer reichen Vorspeisenauswahl wird frischer Fisch aus allen Meeresregionen der Türkei angeboten. Gute Adresse für Mittelmeerfisch!

6 | Feilschen wie im Orient – der Große Basar

Karte: ▶ G 6 | **Anfahrt:** Tramway T1: Çemberlitaş oder Beyazıt

Die größte zusammenhängende Einkaufszone der Welt: Mehrere tausend Läden auf ca. 30 000 m² Grundfläche. Mitten im bunten Gewühl der Käufer und Verkäufer liegt der Eski Bedesten für kostbaren historischen Schmuck und wertvolle Antiquitäten. Der Gewürzbasar verströmt noch heute den unwiderstehlich exotischen Duft des Orients.

Der Große Basar

Ein Marktgebäude gibt es in jeder größeren orientalischen Stadt, allein die gigantische Ausdehnung des **Kapalı Çarşı** 1, des Großen Basars, von nahezu 31 ha und die unüberschaubare Anzahl der Läden machen den Besuch dieses labyrinthartigen Bauwerks zu einem besonderen Erlebnis. Die 64 Straßen des Basars können über 22 Eingangstore betreten werden. In Spitzenzeiten durchqueren täglich bis zu 400 000 Menschen die Ladenstraßen. Direkt nach der Eroberung Istanbuls durch die Osmanen wurde der Große Basar unter Mehmet Fatih erbaut.

Zentrum der etwa 3500 Läden und Geschäfte umfassenden Anlage, die für fast 20 000 Menschen eine Existenzgrundlage darstellt, ist heute wie damals der sogenannte **Eski Bedesten** 2. Der im Zentrum des Basars liegende Teil wurde einst als Schatzkammer konzipiert und durch Extratore gesichert. Dieser Tage beherbergt er unter seinen Kuppeldächern immer noch die Geschäfte der Gold- und Silberhändler. Die sicher zunächst verwirrende Angebotsvielfalt, lässt sich letztlich aber doch recht schnell erfassen, denn der Basar ist streng nach Verkaufssparten gegliedert: Leder, Teppiche, Textilien oder Antiquitäten (Vorsicht, Ausfuhrverbot beachten, s. S. 17) haben jeweils ihren angestammten Platz mit ganz eigenen Regeln und Verkaufssitten.

43

Das Warenangebot ist auch in der Qualität breit gefächert: von manch recht seltenem Schnäppchen bis hin zu Kitsch und Touristennepp wird alles feilgeboten. Im ›Obergeschoss‹ des Basars, für den Besucher nicht sichtbar, haben sich zahlreiche kleine Werk- und Produktionsstätten erhalten, die für Nachschub der Läden sorgen. Leider ist deren Zahl in den vergangenen Jahrzehnten stark geschrumpft. Die Globalisierung macht auch hier vor den Traditionen nicht halt. Zahlreiche Service-Einrichtungen wie Cafés, Banken, Brunnenanlagen, Gebetsräume und ein Postamt finden sich in dieser ›Stadt in der Stadt‹ und tragen zusätzlich zu einem faszinierenden Flanier- und Einkaufserlebnis bei.

Der Bücherbasar

Dem Großen Basar direkt angeschlossen, liegt der **Beyazıt Sahaflar Çarşısı** 3, der Bücherbasar, nahe der Beyazıt Camii. Neben antiquarischen Werken findet man hier neue und gebrauchte Bücher in fast jeder Sprache zu allen möglichen Themen. Einige der Händler verkaufen auch einzelne Buchseiten mit alten Stichen und Ansichten Istanbuls sowie handwerklich gut kopierte Imitate historischer Buchmalerei.

Der Ägyptische Basar

Etwas entfernt hangabwärts am Verkehrsknotenpunkt Eminönü liegt der **Mısır Çarşısı** 4 (auch Ägyptischer Basar oder Gewürzbasar genannt). Zahlreiche Geschäfte bieten in einem alten, überdachten Marktgebäude frische und getrocknete Gewürze, Nüsse, Trockenobst oder Hülsenfrüchte in Säcken oder auf Tabletts sowie Parfümstoffe und allerlei Spezialitäten aus den arabischen Ländern feil. Dabei sprechen Kreuzkümmel, diverse Pfeffer- und Paprikasorten, Rosenblüten und Hennapulver in ihrer prachtvollen Farbigkeit natürlich nicht nur den Geruchssinn an. Man kann sich kaum entscheiden: lieber Tee vom Schwarzen Meer, Pastırma aus Kayseri (stark gewürztes und luftgetrocknetes Rindfleisch) oder etwas Helva mit Pistazien? Am besten von allem etwas!

Der Gewürzbasar war ehemals Bestandteil der frommen Stiftung der Sultanmutter Turhan Hatice Sultan und wurde durch die benachbarte Yeni Valide Camii verwaltet. Kasım Ağa erbaute 1660 diese L-fömige Ladenstraße, deren Gewürzgeschäfte leider immer mehr durch Anbieter von Hausrat und Schmuckhändler verdrängt werden.

Übrigens: Auf Touristen ist man im Basar gut vorbereitet. Als ›Einweiser‹ vor den Geschäften fungieren polyglotte Türken, die für jede Nationalität einen mehr oder weniger originellen Animierspruch in der Landessprache parat haben und Provision vom Händler bekommen. Das kann auf Dauer lästig sein, gehört aber zu den unabdingbaren Ritualen hier. Genauso wie das Feilschen. Dem ungeübten Mitteleuropäer geht dieses Ritual spätestens beim zweiten Mal gehörig auf die Nerven. Sie bekommen einen astronomischen Preis genannt und halbieren den Betrag. Mindestens! Zum Schluss einigt man sich in der Mitte (warum nicht gleich so!). Ob sie dann einen fairen Betrag zahlen, weiß Allah allein … und der Händler. Drei Dinge sollten Sie auf jeden Fall beherzigen: 1. Fangen Sie nicht an zu handeln, wenn Sie nicht wirklich kaufen wollen. 2. Bleiben Sie auf jeden Fall höflich. Respekt ist eine der höchsten Tugenden in der islamischen Welt. 3. Trinken Sie ruhig den Ihnen angebotenen Tee. Er schmeckt gut und ist im Endpreis sowieso schon inbegriffen.

Infos

Kapalı Çarşı (Großer Basar) ,
www.kapalicarsi.org.tr, Mo–Sa 9–18
Uhr.
**Mısır Çarşısı (Ägyptischer Basar,
Gewürzbasar)**, www.kapalicarsi.
org.tr, Mo–Sa 9–18 Uhr.

Turkish Fast Food

Wer sich vor dem kräftezehrenden Besuch des Großen Basars noch einmal
stärken möchte, ist im **Tarihi Subaşı
Lokantası** (Ç. Nuruosmaniye Cad.,
www.tarihisubasi.com, Mo–Sa 11.30–
16.30 Uhr) bestens aufgehoben. Die typische *lokanta* bietet eine reichhaltige
und schmackhafte, allerdings nicht ganz
billige, türkische Garküche, Speisekarte
verlangen; kein Alkoholausschank.

Pittoreske Schönheit

Das 1901 eröffnete Restaurant **Pan-
deli** (tgl. 11.30–16 Uhr) liegt pitto-
resk im Obergeschoss des Ägyptischen
Basars und besticht durch seine mit
Kacheln geschmückten Wände. Allerdings haben Service und Esskultur in
den letzten Jahren etwas an Qualität
eingebüßt. Aber hier zählt eben das
Ambiente.

Mitten drin

Ein weiterer Klassiker ist das **Havuzlu**
(Gani Çelebi Sok. 3, www.havuzlu
restaurant.com, Mo–Sa 12–16 Uhr),
das ebenfalls nur über Mittag geöffnet
ist. Unter einem schmucken Tonnenge-
wölbe wird sehr gute anatolische Küche mit köstlichen Kebaps serviert.

7 | Die schönste Moschee Istanbuls – die Süleymaniye

Karte: ▶ G 5 | **Anfahrt:** Tramvay: nächstliegende Station Beyazıt

Sicherlich die schönste aller Istanbuler Moscheen ist die vom Meisterarchitekten Sinan im 16. Jh. errichtete Süleymaniye. Auch alle Stiftungsbauten wie Koranschule oder Armenküche haben sich bis heute erhalten und wurden für Istanbul 2010 frisch herausgeputzt. Hier gibt es auch die schmackhafte Gelegenheit, Köstlichkeiten der osmanischen Küche nach authentischen Rezepten zu probieren.

Die vier Minarett-Türme der **Süleymaniye**  dominieren das Panorama des alten Stambul. Weithin sichtbar erheben sie sich auf einem der ›sieben Hügel‹ Konstantinopels. Die Minarette verfügen über insgesamt zehn Balkone als Symbol dafür, dass Sultan Süleyman der Prächtige (1520–1566) der zehnte Sultan nach dem Dynastiegründer Osman war. Unter diesem Herrscher, den die

Türken ›Kanuni‹, Gesetzgeber, nennen, erreichte das Osmanenreich seine größte territoriale Ausdehnung – von Belgrad bis Algerien.

Innen und außen ist der Bau von einer Schönheit ohnegleichen. Das dicht gestaffelte System der Halbkuppeln steigt an zur Hauptkuppel, die sich 26 m weit und fast 50 m hoch über den Besucher spannt. Im Innern sind besonders die farbigen, den gewaltigen Raumeindruck unterstützenden Glasfenster interessant. Die Bemalung ist allerdings nicht mehr original, sondern stammt aus dem 19. Jh. Sinan, der größte Baumeister der osmanischen Architektur, bezeichnete das von ihm geplante Gotteshaus als sein Gesellenstück, während er die Selimiye in Edirne als sein Meisterstück ansah.

Im rückwärtigen Hof stehen die **Türben** (Grabbauten) des Sultans und seiner von Legenden umrankten Lieblingsfrau Haseki Hürrem, die im Westen auch als Roxelane bekannt ist. Von der Terrasse hat man einen schönen Blick hinüber nach Beyoğlu und (von der nordöstlichsten Ecke) auf die kleine, bescheidene **Türbe des Baumeisters Sinan** 3. Dessen Grab gehört zu den rings um die Moschee angelegten Stiftungsbauten wie Bad *(hamam)*, Schule *(medrese)*, Armenküche *(imaret)*, Hospital *(darüşşifa)* und Karawanserei. Sie bildeten eine wohltätige Stiftung *(külliye)* und wurden aus den Erträgen eines riesigen Grundbesitzes (über 200 Dörfer!) finanziert.

Im Beyazıt-Viertel

Südlich der Süleymaniye schließt sich das Beyazıt-Viertel an. In der Spätantike traf dort die *mese* (Hauptstraße) auf das **Forum des Kaisers Theodosius** 4, das mit Ehrensäulen und einem Triumphbogen vom Ruhm des Herrschers künden sollte. Beeindruckende Reste dieser zerstörten Monumente sind heute noch beiderseits der Ordu Caddesi zu sehen. Ehemals stand hier der Eski Saray, der älteste Sultanspalast Istanbuls, auf den sich auch die **Beyazıt Camii** 5 (s. S. 74) räumlich bezog. Nach dem Umzug in den Topkapı-Palast diente der Saray-Komplex als Altersruhesitz ehemaliger Haremsdamen des jeweiligen Ex-Regenten. Nicht umsonst erhielt er zu dieser Zeit den Namen ›Palast der Tränen‹.

Am Beyazıt-Platz beginnt auch das Istanbuler Universitätsviertel. Eine gewaltige **neo-osmanische Toranlage** 6 führt in den umfriedeten Bezirk, dessen Wahrzeichen der 50 m hohe **Beyazıt-Turm** 7 ist, der – obwohl weltliches Bauwerk – an das Minarett einer Moschee erinnert. Die alten Universitätsgebäude des französischen Architekten Auguste Bourgeois waren übrigens nicht immer friedlichen Zwecken gewidmet. Im letzten Viertel des 19. Jh. dienten sie als Kriegsministerium.

Praktische Infos
Süleymaniye Camii: Beyazıt, Şifahane Sokak.

Für den schnellen Hunger
Die Straßen vor der Sülemaniye sind verkehrsberuhigt. Auch so etwas gibt es in Istanbul! Zahlreiche kleinere **Lokanta** 1 an der Prof. Sıddık Caddesi eignen sich hervorragend zum Pausieren bei einem gepflegten Glas Tee oder einem Teller Bohnen *(kuru fasulye)*.

Speisen wie die Sultane
Das **Restaurant Darüzziyafe** 2 (Beyazıt, Şifahane Sokak 6, Tel. 0212 511 84 14, www.daruzziyafe.com.tr, tgl. 12–15, 18–23 Uhr, ca. 35 €) besucht man vor allem wegen seiner Atmosphäre. In einem ehemaligen Külliye-Gebäude der Süleymaniye-Mo-

schee wird heute osmanische Küche nach überlieferten Originalrezepten von Köchen der Paşas, Beys und Sultane zubereitet; kein Alkoholausschank.

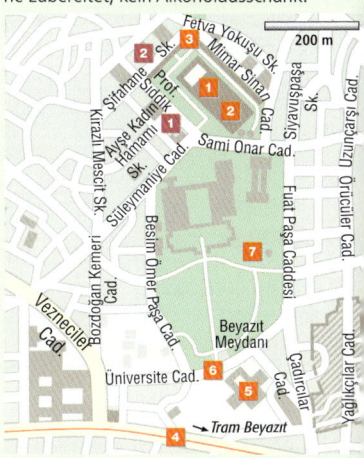

Karte: ▶ C–E 2–3 | **Anfahrt:** Tramway T4: Edirnekapı

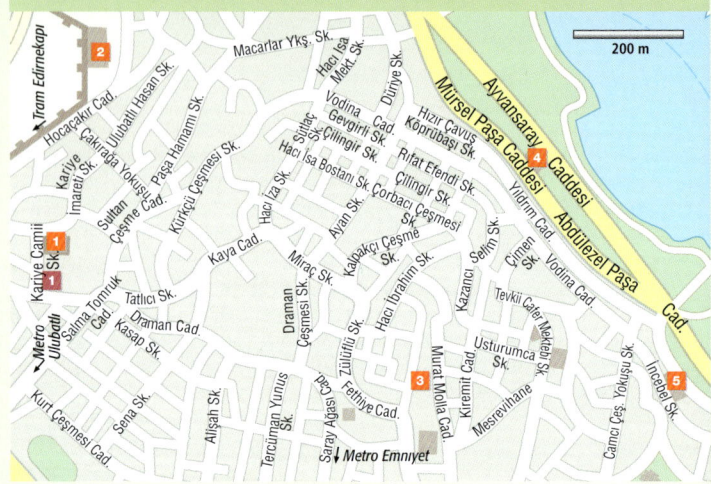

Macht und Pracht des alten Konstantinopel: die Kariye Camii, die Kirche des ehemaligen Chora-Klosters, beeindruckt durch ihre aufwendige Ausstattung. Ein stimmungsvoller Rundgang durch die alten Viertel Fener und Balat, in denen Griechen und Armenier ansässig waren, schließt sich an.

Die Kirche des ehemaligen Chora-Klosters, heute **Kariye Müzesi** **1**, ist ein einzigartiges Schatzhaus byzantinischer Kunst mit mit einer überaus reichen Ausstattung, darunter Mosaiken auf Goldgrund in der Hauptkirche und Wandmalereien in der Grabkapelle. Trotz ihrer Umwandlung in eine Moschee am Ende des 15. Jh. haben sich faszinierende

Zeugnisse spätbyzantinischer Kirchenausstattung erhalten, die in Istanbul heute ihresgleichen suchen: neben den besonders prächtigen Wanddekorationen auch seltene Kapitellskulpturen und Marmorvertäfelungen. Eine Besichtigung sollte daher bei einem Besuch neben der Hagia Sophia und dem Topkapı Sarayı unbedingt zum Programm gehören.

An dieser Stelle existierten bereits ältere Kirchenbauten, die erhaltene Architektur stammt jedoch aus dem 12. und 14. Jh. Um 1120 wird die Kirche im Architekturstil der Komnenenzeit nach einem Erdbeben wieder neu aufgebaut. Das Geld kam dazu vermutlich von Isaak Komnenos, einem Bruder des Kaisers Johannes I. Komnenos (1118–1143), der in der inneren Vorhalle als

48

Stifter knieend in der »Großen Deesis« (Fürbitte Marias und Johannes des Täufers bei Christus) dargestellt ist.

Renaissance in Byzanz

Ganz dem veränderten Geschmack der späteren Paläologenzeit sind die Mosaikzyklen auf Wänden und Gewölben der **Vorhalle** verpflichtet. Sie gehen auf die Initiative von Theodoros Metochites zurück, der als Beamter und Gelehrter am Kaiserhof wichtige Ämter bekleidete und selbst als Stifter mit einem Modell der Kirche im Mosaikbild dargestellt ist. Mit dem Anbau des Parekklesions (Nebenkirche, oft als Grablege benutzt) im Süden und einer äußeren Vorhalle im Westen der Klosterkirche ließ er (1315–1321) gleichzeitig ein theologisches Programm für die Ausstattung entwerfen.

Im Exonarthex (der äußeren Vorhalle einer Kirche, bis Aug. 2015 geschlossen) erzählen die Mosaikbilder von Kindheit, Wirken und Wundertaten Jesu auf Erden. Der Esonarthex (die innere, quer vor dem Kirchenraum liegende Vorhalle, bis Aug. 2015 geschlossen) ist dem Leben der Gottesmutter Maria gewidmet, wobei die Vorlagen für die Bildgeschichten aus apokryphen (verborgenen) Texten stammen, die nicht zum offiziellen Kanon der biblischen Bücher gehören. Über der inneren Tür des Hauptraums geleitet Christus die Seele Marias in Gestalt eines Kindes in den Himmel. Von ähnlicher Thematik sind die Wandmalereien in der Nebenkirche (bis Aug. 2015 geschlossen) bestimmt. Während im Gewölbe das Jüngste Gericht geschildert wird, kündet das Apsisbild von Christi Sieg über den Tod. Christus steigt in die Hölle hinab, um dort die Toten aus den Fängen des Satans zu befreien. Diese Darstellungen wurden nicht zufällig gewählt, diente doch die Seitenkapelle als Grab-

Übrigens: Eine sehr gute Website zur Geschichte und Kunst des Kariye-Museums auf dem neuesten Stand der Forschung mit 3D-Filmsequencen findet man unter www.mcah.columbia.edu/byzantium.

lege bedeutender Persönlichkeiten. Eine der Wandnischen wird wohl auch Theodoros Metochites nach seinem Tod aufgenommen haben. Mit seiner frommen Stiftung hatte er sich schon zu Lebzeiten einen Platz im Himmel gesichert. Auch das Umfeld ist einfach stimmig. Der türkische Touring und Automobil-Club hat hier viele der historischen Holzhäuser liebevoll restauriert, darunter auch das **Kariye Oteli** mit angeschlossenem **Restaurant Asitane** 🟥. Bei weniger Zeit kann man sich im Teegarten gegenüber dem Kariye-Museum erfrischen.

Der letzte Palast

Ein Abstecher führt zu Fuß zum **Tekfur Sarayı** 🟥 am **Edirnekapı,** ein Teil des alten Blachernenpalastes, in dem die Kaiser vom 13. Jh. bis zur Eroberung Istanbuls residierten. Ein Beispiel für die Baukunst der paläologischen Architekten ist die Hoffassade: Die in drei Geschossen übereinander gestaffelten Arkaden beziehungsweise Fensterreihen werden durch den Wechsel von Kalkstein und Ziegeln mit Mustern in Rauten-, Rosetten- oder Schachbrettform besonders betont. Die Palastanlage und die umliegenden Mauerzüge wurden bis 2010 vollständig restauriert.

Abseits der Fethiye Caddesi stößt man auf die **Fethiye Camii** 🟥 (Erlaubnis zur Besichtigung bei der Direktion der Hagia Sophia erfragen), die Kirche des alten Pammakaristos-Klosters, deren sehenswertes Parekklesion (Nebenkirche, meist als Grabkapelle genutzt) von der Adligen Maria Doukaina im Angedenken an ihren Gatten Michael Glabas Tarchaneiotes gestiftet wurde.

Noch bis 1586 war die ursprünglich durch Johannes Komnenos (Anfang 12. Jh.) gestiftete Pammakaristos-Kirche mit einem zugehörigen Kloster der Mittelpunkt des religiösen Lebens der orthodoxen Christen Istanbuls: An diesem Ort hatte der Patriarch seinen Amtssitz. Nach der Umwandlung in eine Moschee entgingen zumindest die sehenswerten Mosaiken des paläologischen Parekklesions der Zerstörung. Gestiftet wurden Architektur und Bildschmuck im Jahr 1315, wie der Dichter Manuel Philes berichtet. Sein Sinnspruch ist auf der durch farbigen Ziegelschmuck reich verzierten Südwand zu lesen.

Auf, nur Mut, ins Unbekannte

Wer mag, lässt einen Spaziergang auf verwunschenen Pfaden durch die alten Viertel Fener und Balat folgen. Extrem steile Straßen und Gassen führen in Serpentinen den Hügel hinunter in Richtung Goldenes Horn. Typisch für Fener und Balat sind die Wohnhäuser der Griechen und Armenier, die hier jahrzehntelang gelebt haben. Etliche Vorzeigeprojekte für die Instandsetzung der Häuser sorgen an vielen Stellen für neuen Glanz, anderswo überwiegt der Reiz des Morbiden, wenn Kinder vor pittoresken, abbruchreifen Gebäuden spielen oder Katzen auf heißen Blechdächern vor sich hin dösen.

Der Spaziergang endet am Goldenen Horn: Dort steht in Ufernähe die 1896 errichtete **Bulgar Kilisesi 4** (dem hl. Stephan der Bulgaren geweiht), die innen wie außen komplett aus Gusseisen besteht! Der armenische Architekt Hosep Aznavour ließ die Einzelteile des Bauwerks in Österreich vorfertigen. Von Wien wurde die ›Fertigkirche‹ per Schiff über die Donau und durch das Schwarze Meer nach Istanbul transportiert.

Das **Ökumenische Patriarchat 5** (Rum Patrikhanesi, Sitz des Oberhaupts der griechisch-orthodoxen Weltkirche) liegt etwas versteckt an der Sadrazam Ali Paşa Caddesi. Die Uferpromenade, früher ein dicht bebautes Viertel mit zahlreichen Werkstätten und kleinen Bootswerften, wurde Mitte der 1990er-Jahre neu angelegt. Angenehm pausieren kann man in einem der Fischlokale und *meyhanes,* jenen traditionellen Weinhäusern, die früher von Armeniern und Griechen geführt wurden.

Praktische Infos
Kariye Müzesi (Chora-Kirche):
Edirnekapı, Kariye Camii Sokak, Tel. 631 92 41, tgl. außer Mi 9–16.30, April–Okt. bis 19 Uhr, Eintritt 5 €, www.ayasofyamuzesi.gov.tr/en/ kariye-museum

Stilvolles Spitzenrestaurant
Im **Asitane 1** (Edirnekapı, Kariye Camii Sokak 6, Tel. 0212 635 79 97, www.asitanerestaurant.com, tgl. 11–24 Uhr) wird osmanische Palastküche mit wechselnder Sommer- und Winterkarte serviert. Darf es als Vorspeise eine Mandelsuppe nach höfischem Rezept von 1539 oder ein mit Reis, Nüssen und frischer Minze gefüllter Tintenfisch aus dem Ofen sein? Als Hauptgericht ein Huhn in Honigkruste oder Kirde Kebap aus dem 18. Jh. – gewürfeltes Lammfleisch auf Brotcroutons mit Joghurt serviert. Und dann die wirklich exotischen Süßigkeiten zum Abschluss: z. B. Helatiye, ein geharzter Pudding mit Früchten der Saison, Mandeln und Pistazien in Rosenwassersirup.

9 | Wo die Kunst boomt – Tophane und İstanbul Modern

Karte: ▶ J 3–4 | **Anfahrt:** Tramway T1: Tophane

Die Stadt am Bosporus kann nicht nur mit klassischen Sehenswürdigkeiten punkten: Beflügelt durch die Biennale hat sich Istanbul zu einem Mekka zeitgenössischer Kunst entwickelt. Kein Monat vergeht, ohne dass nicht irgendwo wieder eine junge Galerie ihre Pforten öffnet. Das İstanbul Modern ist die Top-Museumsadresse für Kunst des 20. und 21. Jh.

Die Kunstreise startet in Galata an einem eher ungewöhnlichen Ort: Für alle b-girls & boys, stamboul homies, Junggebliebene und einfach nur Neugierige gibt es eine gute Adresse für die schnelle Kunst zwischen High & Low: Die **Milk Gallery** 1 mit angeschlossenem Design-Shop hat sich gänzlich der Street Culture verschrieben. Regelmäßige Ausstellungen von Street Art, Comics und Buchillustrationen finden hier statt.

Spannend sind auch die beiden Bände zu Graffitis in Istanbul, die von Tunç ›Turbo‹ Dindaş, einem Meister der Spraydose, herausgegeben wurden.

Tophane heißt das ehemalige Arbeiterviertel, in dem sich derzeit an der Boğazkesen Caddesi und den Seitenstraßen die Galerien mit türkischen KünstlerInnen stapeln. Hier gibt es auch eine Dependance von **GALERIST** 2, einer der Vorreiter in Sachen zeitgenössischer Kunst.

Pi Artworks 3 lässt sich wie auch die anderen Galerien nicht auf eine bestimmte Stilrichtung oder ein künstlerisches Medium festlegen. Besonders bemerkenswert sind die Objekte aus alten türkischen Zeitungen von Irfan Önürmen.

Die **Galeri NON** 4 wagt sich mit Installationen und Medienkunst meist sehr weit vor, wenn z. B. Tayfun Serttaş die lange unterschlagenen armenischen Wurzeln der Fliegerin Sabiha

Chillen unter freiem Himmel: Nargile-(Wasserpfeifen-)Café

Gökçen thematisiert und damit gleich-zeitig an die Ermordung des armeni-schen Journalisten Hrant Dink durch ultranationale Attentäter erinnert.

Die Galerie **Rodeo** [5] präsentiert eher junge internationale Positionen und bringt – bedingt durch die Herkunft der Galeristin – die Griechen durch die künstlerische Hintertür zurück nach Istanbul.

Das **İstanbul Modern Museum** [6], das sich allein den Entwicklungen

der modernen und zeitgenössischen Kunst in der Türkei verschrieben hat, war schon lange überfällig. Auch hier half wieder die Wirtschaft einer Kultur-institution auf die Beine, mit allen Vor-teilen wie Nebenwirkungen. Neben der ständigen Präsentation von Wer-ken aus der Sammlung der Pharmaun-ternehmerfamilie Eczacıbaşı (vor allem türkische Malerei und Skulptur ab den 1950er-Jahren, die bis dahin nur im staatlichen und immer etwas ange-staubten Resim ve Heykel Müzesi zu sehen war) wird das Untergeschoss des ehemaligen Lagerhauses für the-matische Sonderausstellungen ge-nutzt.

Zum Museum gehören auch eine Bi-bliothek, ein Museumsladen, ein Kino-saal mit Filmreihen, ein Raum für mu-seumspädagogische Aktivitäten. Gera-de das hauseigene Restaurant ist auch für Flaneure reizvoll, die nicht an der

Übrigens: Äußerst hilfreich zum Fin-den aller Galerien und Projekträume und deren aktueller Programme ist die **Contemporary Art Map** für Istan-bul, die von der Kunststiftung der Ak-bank initiiert und finanziert wird und die man unter www.akbanksanathari tasi.com online konsultieren kann.

Kunst interessiert sind: Ob Business Lunch, ein Abendessen mit Freunden oder einfach nur ein Cappuccino-Break: Man sitzt direkt am Bosporus mit Panoramablick auf die Serailspitze und den Topkapı-Palast. Das benachbarte **Antrepo 3** ist einer der Austragungsorte der Istanbul Biennale.

Praktische Infos
Milk Gallery & Design Store: Tünel, Şahkulu Mah. Balkon Çıkmazı 8/A, Tel. 0212 251 57 97, www.whatismilk.com, Di–Sa 13–19 Uhr.

GALERIST: Tepebaşı, Meşrutiyet Cad. 67, Tel. 0212 252 18 96, www.galerist.com.tr, Di–Sa 11–18 Uhr.

Pi Artworks: Galatasaray, İstiklal Cad. Mısır Apt 163/4, Tel. 0212 293 71 03, www.piartworks.com, Mo–Sa 10–19 Uhr.

Galeri NON: Galatasaray, İstiklal Caddesi, Mısır Apt. 163/4, Tel. 0212 249 87 74, www.galerinon.com, Di–Sa 11–18 Uhr.

Rodeo: Taksim, Sıraselviler Cad., Yeni Hayat Apt. 49/D1, Tel. 0212 293 58 00, www.rodeo-gallery.com, Di–Sa 10–18 Uhr.

Istanbul Modern: Karaköy, Meclis-i Mebusan Caddesi, Liman Işletmeleri Sahası, Antrepo 4, Tel. 0212 334 73 00, www.istanbulmodern.org, Di–So 10–18 Uhr, Do bis 20 Uhr, Eintritt 6 €.

Ein zuverlässiges Lokanta
Wer es beim Essen gern traditionell und landestypisch mag, ist im **Lokanta Fasuli** (Kemankeş Mah., İskele Caddesi 10–12, Tophane, Tel. 0212 243 65 80, www.fasuli.com.tr, tgl. 11–23 Uhr) mit seiner Schwarzmeerküche genau richtig. Nur selten munden die Köfte (Hackfleischbällchen) so gut wie hier: Sie werden nämlich aus Kalbfleisch *(dana)* und nicht aus Lammfleisch auf dem Grill zubereitet. Als süßen Abschluss sollte man sich das Lasenbörek (Blätterteig mit Puddingfüllung und Haselnüssen) auf keinen Fall entgehen lassen.

10 | Kultur und Bohème – rund um den Galata-Turm

Karte: ▶ H 3–4 | **Anfahrt:** Tramway T1: Karaköy

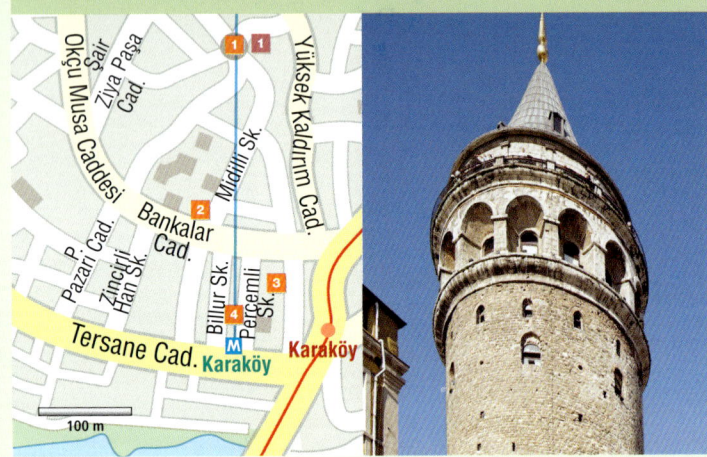

Der mächtige Genuesenturm ist der Orientierungspunkt für Spaziergänge durch Galata. In diesem noch nicht überlaufenen Viertel kann man immer wieder Entdeckungen machen: Hier eine kleine Bar, dort ein Laden voller Designerklamotten. An fast jeder Ecke stößt man auf Zeugnisse einer anderen Geschichte Istanbuls. Ob Genuesen, sephardische Juden, Griechen oder Russen, sie alle haben diesem Stadtteil ein multikulturelles Gepräge verliehen.

Nach dem Sieg über die Venezianer 1261 gründeten genuesische Kaufleute gegenüber dem historischen Zentrum eine Handelskolonie. Das Viertel wurde später unter dem griechischen Namen Pera, also ›gegenüber‹, bekannt. Obwohl es den Bewohnern nicht gestattet war, ihr Stadtviertel zu umfrieden, errichteten sie im 14. Jh. einen Mauerring. Letztes noch bestehendes Zeugnis dieses Festungswalls ist der **Galata-Turm** 1. Das trutzige Wahrzeichen wurde um 1348 als Teil der genuesischen Befestigungsanlagen errichtet. Für diese ›Aufrüstung‹ nutzte man die zeitweilige Abwesenheit des Kaisers Johannes Kantakuzenos, der später gegen die Genuesen in den Krieg zog. In osmanischer Zeit diente das wehrhafte Gebäude als Feuerturm. 1967 wurde der Turm restauriert und für touristische Besuche freigegeben.

Für Fotofreunde
Der 68 m hohe Turm mit rekonstruiertem konischem Dach besitzt stattliche

3,50 m dicke Wände. Im Obergeschoss befindet sich ein Restaurant mit Aussichtsplattform. Von dort hat man einen wunderbaren Blick auf die malerische Hügelsilhouette der Altstadt vom Tokapı Sarayı über die Süleymaniye Camii bis zur Fatih Camii, aber auch Beyoğlu erschließt sich in 360°. Der ultimative Fototipp schlechthin! Deutlich wird hier oben vor allem die einzigartige Lage der Stadt zwischen Marmarameer, Bosporus und Goldenem Horn.

Auch abends ist hier was los: Das Turmrestaurant wird neuerdings von Beltur, einer städtischen Firma, betrieben. Mit moderaten Preisen und dem Ende des Alkoholausschanks will man auch einheimischen Familien die Möglichkeit bieten, die Stadt von oben zu genießen. In der Serdar-i Ekrem-Straße unterhalb des Galata-Turms, die früher die Werkstätten der Kristalllüsterhersteller beherbergte, leuchten nun die Schaufenster türkischer Top-Couturiers.

Spuren jüdischer Geschichte

Das multiethnische und multireligiöse Gesicht Istanbuls kann man immer noch in Galata kennenlernen. Hier haben sich eindrucksvolle Zeugnisse jüdischer Kultur und Kunst erhalten: Wer vom Galata-Turm den Hügel hinabsteigt, kommt über die Camekan Sokak und die Midilli Sokak zu einer ungewöhnlichen Treppenanlage, die der jüdische Geschäftsmann Avram (Abraham) Kamondo gegen Ende des 19. Jh.

in Auftrag gab, um das höher gelegene Wohnviertel mit der Bankalar Caddesi (auch Voyvoda Caddesi), seinem Arbeitsplatz als Bankier, zu verbinden.

Kamondos Nachfahren, die im Finanzgeschäft zu einigem Reichtum gekommen waren, gingen später nach Paris und waren bedeutende Kunstsammler (Musée Nissim-Camondo), bis die Familie nach der deutschen Besetzung Frankreichs Opfer des nationalsozialistischen Rassenwahns wurde. Die nach ihrem Stifter benannte, weitläufige **Kamondo-Treppe** 2 beschreibt die Figur einer Acht und ist ein äußerst beliebtes Fotomotiv. In der **Zülfaris-Synagoge (Türk Musevileri Müzesi)** 3 aus dem Jahr 1671 wird die über 500-jährige Geschichte der (sephardischen) Juden in der Türkei spannend dokumentiert.

Wer den Wiederaufstieg zur İstiklal Caddesi scheut, kann die Höhendifferenz von 62 m auch mit der **Standseilbahn Tünel** 4 zurücklegen. 1875 erbaut, zählt sie zu den ältesten, aber auch kürzesten U-Bahnen Europas. Eine Fahrt durch die 555 m lange Röhre dauert nur wenige Minuten!

Mittags oder abends kann man in einem der Restaurants und Lokantas im Schatten des Galata-Turms sehr gut und relativ preiswert essen, z. B. im originellen **Galata Evi** 1: Schon mal georgisches Hühnchen *(baje)* mit Safran und Walnüssen gekostet oder russische Ravioli *(vareniki)* mit Käsefüllung? Ab 20 Uhr gibt es Livemusik am Piano.

Praktische Infos
Galata Kulesi (Galata-Turm): Beyoğlu, Büyükhendek Sokak, Tel. 0212 293 81 80, www.beltur.com.tr, tgl. 9–20 Uhr, Eintritt 6,50 €.
Jüdisches Museum (Türk Musevileri Müzesi): Beyoğlu, Karaköy Meydanı/Perçemli Sokak, 0212 292 63 33, www.muze500.com, Mo–Do 10–16, Fr, So 10–14 Uhr, Eintritt frei.
Galata Evi (Eski İngiliz Karakolu): Beyoğlu, Galata Kulesi Sokak 15 (61), Tel. 0212 245 18 61, www.thegalatahouse.com, Di–So 12–24 Uhr.

11 | Antiquitäten, Boutiquen und Çayhanes – Çukurcuma

Karte: ▶ J 2–3 | **Anfahrt:** Tramway T1: Tophane

Wer Qualitätvolles und Ausgefallenes sucht, wird im Viertel Çukurcuma zwischen Galatasaray Lisesi und der Sıraselviler Caddesi fündig: Ob metallene Türklopfer, osmanische Kaftane, Secondhand-Schallplatten oder junge Mode in kleinen Boutiquen – es bleibt fast kein Wunsch offen. Die pittoreske Restaurantgasse Cezayir Sokak in Galatasaray bildet den kulinarischen Abschluss dieser Tour für Entdecker und Genießer.

Wie auch andere Viertel in Beyoğlu hat Çukurcuma mit städtebaulichen Problemen zu kämpfen, bei denen die ›Aufhübschung‹ von alten Straßenzügen aus dem späten 19. Jh. und frühen 20. Jh. ‚die ehedem vor allem von Griechen bewohnt waren, mit einer Gentrifizierung einhergehen (s. S. 12). Trotzdem gibt es an vielen Stellen immer noch eine gute Balance zwischen ›Flohmarktcharme‹ und ›Hipnessfaktor‹.

Im Viertel liegt auch das neue **Masumiyet Müzesi** 1 (Museum der Unschuld, Çukurcuma Cad., Dalgıç Çıkmazı 2, Di–So 10–20, Do bis 21 Uhr, Eintritt 5 €). Orhan Pamuk, Literaturnobelpreisträger, hat die ausgestellten Alltagsobjekte aus einer vergangenen Zeit häufig in den ›Jagdgründen‹ Çukurcumas aufgespürt. Auch ohne Kenntnis des gleichnamigen Romans gibt das Museum mit seinen liebenswerten Kuriositäten einen aufschlussreichen Einblick in das Leben des İstanbuler Europa-affinen Bürgertums der 1950er-Jahre (s. S. 12).

Noch bestimmen traditionelle Handwerkerateliers wie die von Schreinern oder Polsterern das Straßenbild, werden aber immer mehr von Läden aufstrebender Designer verdrängt, die von der kreativen, aber auch leicht morbiden Atmosphäre Çukurcumas magisch angezogen werden. Neben der Çukurcuma Caddesi, auf der z. B. die Innenarchitektin **Aslı Günşiray** 1 einen edlen Shop im bunten Stilmix zwischen osmanisch und modern betreibt, oder der Turnacıbaşı Caddesi mit Istanbuls Hipster-Plattenladen **DeForm Müzik** 2 ist mit Abstand der **Faik Paşa Yokuşu** die interessanteste Gasse. Auf engstem Raum gibt es neue Mode, schöne Accessoires und Seltenes aus der guten alten Zeit.

Klamottenkiez

Das **Pied-de-Poule** 3 ist ein Kind von Şelale Gültekin, die vor Jahren ihren gut dotierten Job beim Textil-Allrounder Vakko an den Nagel hing, um mit Liebe und Hingabe ihrer Leidenschaft für historische Kleidung zu frönen. Kein Wunder, dass bei allerhand Rara aus den Kleiderschränken Peras auch Setdesigner und Kostümbildner Schlange stehen, um sich das ein oder andere gute Stück für die neueste Produktion zu sichern.

Mehr in Richtung Antiquitäten, Möbel und Raumausstattung geht **A la Turca** 4. Vorsicht! Nicht alles, was hier an schönen antiken Dingen angeboten wird, darf aufgrund der strengen Zollbestimmungen auch ausgeführt werden, aber allein das Umschauen ist sehr anregend.

Für den elegant gekleideten Herren, der aber Uniformität vermeiden möchte, ist **Civan** 5 die richtige Adresse. Kerem Küçükgürel und Bahar Gözkün

beschwören in ihren Kreationen die 1920er-Jahre herauf. Wer Zeit hat, kann sich hier Hemd oder Anzug maßschneidern lassen.

Die **Leila Butik** 6 bietet neben eigenen Entwürfen auch ausgewählte andere Label. Vor allem die schlicht-eleganten Lederhandtaschen machen neben Hüten und Schmuck ein Vorbeischauen lohnenswert.

Unverzichtbar ist jetzt langsam die Mittagspause im **Kiki Çay Evi** 1. In dem Lokal mit gemütlicher Wohnzimmeratmosphäre, in dem mit Bülent Akkızoğlu ein Koch mit internationaler Erfahrung am Herd steht, sind Teespezialitäten, köstliche Sandwiches und Salate die nachgefragten Gaumenkitzler.

Die pittoreske **Cezayir Sokağı** 2 (auch Fransiz Sokağı, ›Französische Straße‹) bietet sich für den Abend an: eine kleine Gasse ohne Autoverkehr am Hang mit restaurierten Gebäuden (2004) als trendige Gourmetmeile mit Bars und Restaurants. Fast schon zu schön, um wahr zu sein: Die Anlehnung an französische Vorbilder mit Eisengusslaternen à la Montmartre oder emaillierten Türschildern ist fast ein wenig disneyhaft geraten.

Man wähnt sich schon in der fabelhaften Welt der Amélie und doch hat diese Straße, wenn nicht am Wochenende total überlaufen, durchaus ihren Reiz und bietet hübsche Cafés und familiäre Restaurants, bei denen im Sommer die Grenzen zwischen drinnen und draußen verschwimmen.

Einkaufen

Aslı Günşiray: Beyoğlu, Çukurcuma Caddesi 58, Tel. 0212 252 59 86, www.asligunsiray.com. Shop, Designberatung und Interiorentwürfe für eine gehobene Klientel unter einem Dach.

DeForm Müzik: Beyoğlu, Turnacıbaşı Caddesi 45, Tel. 0212 245 33 37, Mo–Sa 12–20.30 Uhr. Alles zwischen Independent, Elektronica und Dancefloor, daneben eine reiche Auswahl von Secondhand-Platten. Die beiden Besitzer stehen auch als DJs und Radiomoderatoren bei diversen lokalen Musiksendern hoch im Kurs.

A la Turca: Cihangir, Faik Paşa Yokuşu 4, Tel. 0212 245 29 33, www.alaturca house.com, Mo–Sa 11–19.30 Uhr. Vom Kelim zur Kleinarchitektur: Schönes und Nützliches für die Bosporus-Villa.

Leila Butik: Faik Paşa Yokuşu, Hayriye Caddesi 18/A, Tel. 0212 245 33 65, www.leilabutik.com. T-Shirts, Taschen, originelle Mitbringsel mit Istanbul-Bezug, alles ist auch online zu erwerben.

Pied-de-Poule: Beyoğlu, Faik Paşa Yokuşu 19/1, Tel. 0212 245 81 16, tgl. 12–18 Uhr. Vintage-Mode, Hüte, Schuhe und vieles mehr von den 1920er-Jahren bis heute.

Civan: Beyoğlu, Çukurcuma Cad. 42, Tel. 0212 243 32 11, www.civanblog ging.com, Herrenausstatter der etwas ausgefalleneren Art.

Essen & Trinken

Kiki Çay Evi: Beyoğlu, Sıraselviler Caddesi 42, Tel. 0212 243 53 73, www.kiki.com.tr, Küche tgl. 10–23.30

Uhr, danach häufig noch Barbetrieb. Ein charmantes kleines Teehaus mit Wohnzimmeratmosphäre. Die schöne Terrasse ist ganzjährig geöffnet.

Auch interessant

Leyla Seyhanlı 7: Beyoğlu, Altıpatlar Sokak 6, Tel. 0212 293 74 10. Feine osmanische Stickereien auf Kissen und Kleidung sind die Spezialität des Hauses. Muster ohne Grenzen.

Amargi Kitabevi 8: Beyoğlu, Kâtip Mustafa Çelebi Mah., Tel Sokak 16, Tel. 0212 251 01 54, www.amargikitabevi. wordpress.com. Das Kontrastprogramm: Amargi ist ein Wort aus dem Altsumerischen und meint ›Freiheit‹, wörtlich eigentlich das ›Zurückkehren zur Mutter‹. In einer immer noch männlich dominierten Gesellschaft nimmt sich dieser aktivistisch-feministische Frauenbuch- und Infoladen leider immer noch als exotisches Unikum aus. Viel Literatur zur Rolle der Frau in der (türkischen) Gesellschaft, regelmäßige Autorinnenlesungen.

12 | Sehen und gesehen werden – die Flaniermeile İstiklal Caddesi

Karte: ▶ H/J 2/3 | **Anfahrt:** Tramway T1: Kabataş; Füniküler: Taksim

Hier präsentiert sich Istanbul seit jeher besonders weltstädtisch und offen. Viele attraktive Einkaufsmöglichkeiten auf der größten Flaniermeile der Stadt mit angesagten Shops, Restaurants und Cafés, die oft in architektonischen Kleinoden aus der Jahrhundertwende untergebracht sind.

Diese Straße ist im Ausnahmezustand. Eigentlich immer. Der Strom von Passanten, der Tag und Nacht durch die tiefe Häuserschlucht der historischen Bauten fließt, scheint nicht enden zu wollen. Es hat den Anschein, als sei jeder Istanbuler dazu verpflichtet, einmal am Tag die ca. 2 km lange Straße abzuwandern. Dazwischen fliegende Händler, Simitverkäufer, Maronenröster, Bettler, Musiker, Polizisten und immer wieder die Stadtreinigung, die ihre Aufgabe sehr ernst nimmt. Die İstiklal Caddesi in

Beyoğlu ist immer noch die Vorzeigestraße Istanbuls, obwohl sich ihre ehemalige Pracht der Jahrhundertwende (der vorletzten!) heute nur noch erahnen lässt, denn viele der Jugendstilfassaden sind stark renovierungsbedürftig. Der teilweise starke Verfall der Häuser, dessen gegenwärtige Ursache auch in ungeklärten Besitzverhältnissen zu suchen ist, gehört zum Flair des Quartiers.

Bewohnte Geschichte

1870 wütete in Beyoğlu ein Brand, dem die meisten Holzhäuser zum Opfer fielen. Im typischen Stilgemisch des Historismus und später des Jugendstils entstanden die neuen, aus Stein gebauten Stadthäuser der Oberschicht. Um das ungehinderte Flanieren von Käufern zu ermöglichen und so den Handel in der İstiklal Caddesi neu zu beleben, hat man den Boulevard Anfang der 1990er-Jahre zur Fußgängerzone erklärt. Die historische Tram, mit der man vom Tünel- bis zum Taksim-Platz fahren kann, wurde wieder in Betrieb genommen. Nicht nur aus touristischen Aspekten. Der Istanbuler sieht sie als vollwertiges Beförderungsmittel an.

Auf der İstiklal findet man vom Designergeschäft über die Buchhandlung mit mehrsprachigem Sortiment bis hin zur Köfte-Bude alles, was das Herz begehrt. Wünsche bleiben kaum offen. Die ›Straße der Unabhängigkeit‹ ist die beliebteste Einkaufsmeile Istanbuls. Am Wochenende und nach Büroschluss ist hier besonders viel los, und gegen Abend ist die Straße ein beliebter Anlaufpunkt der Nachtschwärmer und Vergnügungssüchtigen, die in den zahlreichen Bars, Restaurants, Kneipen und Cafés der Seitenstraßen die Zeit bis zum Morgengrauen totschlagen.

Vom Tünel zum Taksim-Platz

Vom Tünel-Platz aus gelangt man rechter Hand zur Galip Dede Caddesi, der Straße der Musikalienhändler, und zum **Galata Mevlevihanesi (Mevlevi-Kloster)** **1**, das aus dem Jahr 1492 stammt und besichtigt werden kann (Di–So April–Okt. 9–19 Uhr, Nov.–März 9–16.30 Uhr, Eintritt 3,50 €).

Die Straße Richtung Taksim-Platz führt am **Galatasaray Lisesi** **2** vorbei, einem monumentalen und heute noch genutzten Schulbau aus der Zeit um 1900. An dieser Stelle mussten bereits im 15. Jh. Pagen des Sultans die Schulbank drücken und das strenge Regiment der osmanischen Ausbilder über sich ergehen lassen. 1868 richtete Sultan Abdülaziz eine höhere Schule nach französischem Vorbild ein, die dem verstärkten Zuzug von ausländischen Familien Rechnung trug, deren Mitglieder an der İstiklal Caddesi und den angrenzenden Straßenzügen in den dort eingerichteten Botschaften ihren Dienst verrichteten. Auch ein Abstecher zum **Pera Palas Hotel** **3** lohnt sich. Hier pflegte schon die berühmte Kriminalautorin Agatha Christie ihren Tee mit einem Wölkchen Milch zu sich zu nehmen. Aber auch andere Berühmtheiten wie Greta Garbo, Mata Hari, Sarah Bernhardt und nicht zuletzt Atatürk stiegen in diesem traditionsreichen Haus an der Tepebaşı Caddesi ab. Nor-

In der Çiçek-Passage reihen sich typische Lokantas und Restaurants aneinander

malsterblichen muss heute ein Besuch des stilecht eingerichteten hauseigenen Cafés genügen – die Zimmer des Hotels gehören preislich zur oberen Kategorie.

Historische Passagen

Zurückgekehrt zur İstiklal Caddesi führt der Weg zur **Çiçek Pasajı (Cité de Pera)** 4 . Die mit Glas überdachte L-förmige Passage und die Arkaden des ehemaligen Blumenmarkts nahe dem Galatasaray-Gymnasium wurden zwischen 1874 und 1876 erbaut – eine der ersten mit Glas überdachten Passagen in Istanbul, wie sie am Ende des 19. Jh. Mode waren. Eine üppig verzierte Fassade führt in das Innere, wo sich zahlreiche kleinere *lokantas* und Restaurants angesiedelt haben. Deren Besitzer fordern den Besucher freundlich, aber bestimmt zur Einkehr auf. Ganz in der Nähe liegt der Eingang zum **Balık Pazarı** 1 , dem Fischmarkt, auf dem man neben Fisch und Meeresfrüchten auch frisches Obst und Gemüse bekommt. Auch die unmittelbar benachbarte **Nevizade Sokak** 1 kann mit einer Vielzahl guter Restaurants und Meyhanes aufwarten. Im Sommer wird der Betrieb nach draußen verlagert.

Rund um den Taksim-Platz

An ihrem östlichen Ende mündet die İstiklal Caddesi in den von hohen Gebäuden umstandenen Taksim-Platz. Seinen aus dem Arabischen stammenden Namen verdankt der Verkehrsknotenpunkt einem achteckigen **Wasserspeicher (taksim)** 5 aus dem Jahr 1732, der am Südende des Platzes steht und heute eine städtische Kunstgalerie beherbergt. Direkt nebenan erhebt sich zentral und als Blickpunkt das **Unabhängigkeitsdenkmal** 6 (errichtet 1928), ein Werk des italienischen Bildhauers Pietro Canonica. Die ausladende Figurengruppe zeigt Atatürk, der mit seinen Kampfgefährten General Ismet İnönü und Marschall Çakmak einen Torbogen durchschreitet. Der gesamte Platz wird zur Fußgängerzone umgebaut, motorisierte Fahrzeuge stehen nun unterirdisch im Stau.

Zeitgenössische Kunst und Kulturzentrum

Die von der Garantibank gegründete **SALT** 7 (Beyoğlu, Istiklal Cad. 136, Tel. 0212 377 42 00, www.saltonline.org) ist sicher die wichtigste Institution für Ausstellungen, Konferenzen und interdisziplinäre Forschungsprojekte zu aktueller Kunst, Design, Urbanismus und beherbergt in der Dépendance SALT Research (Karaköy, Bankalar Cad. 11) eine Bücherei und ein Archiv zu diesen Themenbereichen. Gute Database: www.becomingistanbul.org

Auch das Bankhaus Yapı Kredi unterhält auf der İstiklal Caddesi ein Kulturzentrum: **Yapı Kredi Kültür Merkezi** 8 , Beyoğlu, İstiklal Caddesi 161–161A, Tel. 0212 252 47 00, www.ykykultur.com.tr, Mo–Fr 10–19 Uhr, Sa 10–18 Uhr, So 13–18 Uhr. Hier wird beispielsweise die eigene Sammlung von historischen Karagöz-Schattenspielpuppen präsentiert. Fotografien von Robert Capa, Ara Güler oder Sebastiao Salgado, oder aber Archäologie und Malerei, bilden weitere Schwerpunkte für Sonderausstellungen. Die Publikationen dazu werden direkt im hauseigenen Bookshop verkauft.

Einkaufen

Die berühmte türkische Jeans, die inzwischen auch für den Export hergestellt wird, macht mittlerweile sogar den amerikanischen Vorbildern kräftig Konkurrenz. Sie finden sie bei

Mavi Jeans [2] (Beyoğlu, İstiklal Cad. 123, Tel. 0212 244 62 55, www.mavijeans.com, tgl. 10–22 Uhr, s. S. 102).

Zu einer Institution geworden ist der Buchhändler **Robinson Crusoe** [3] (Beyoğlu, İstiklal Caddesi 136, 4. Etage, Tel. 293 69 68, www.rob389.com, Mo–Sa 9–21.30 Uhr, So 10–21.30 Uhr). Gute Auswahl an Kunst- und Fotobüchern. Ein Schwerpunkt liegt auf der Istanbul- und Türkei-Literatur, die meist auch in Englisch verfügbar ist.

Einfach Lecker!

Ein Bummel über die İstiklal verursacht immer einen knurrenden Magen. Wie gut, dass es zwischendurch immer die Gelegenheit zur schnellen Einkehr gibt. Guten Döner und Iskender Kebap gibt es bei **Meşhur Bursa Kebapçısı** [2] (Istiklal Cad. 45,

Tel. 249 93 72). Nicht verpassen sollte man ausgezeichnetes Streetfood von **Sabırtaşı** [3] (Istiklal Cad. 112, Tel. 0212 251 94 23, www.sabirtasi.com. tr) Vor dem Haus verkauft ein Herr im blitzweißen Kittel ab Mittag İçli Köfte (Weizenschrothülle gefüllt mit Hackfleisch und Walnüssen), Restaurant dazu in der 5. Etage mit anatolischen Spezialitäten und Blick auf die gesamte Istiklal.

Ein Besuch im **Taksim Sütiş** [4] (İstiklal Caddesi 7, Tel. 0212 251 32 70-05, tgl. 10–23 Uhr), mit *muhallebi* (Milchpudding), *keşkül* (Mandelpudding) und *tavuk göğsü* (zerfaserte Hühnerbrust mit Reismehl, Milch und Zucker aufgekocht), ist ein besonderer Genuss. Aber auch kleinere warme Speisen werden in diesem traditionsreichen Schnellimbiss seit 50 Jahren angeboten.

13 | Tour auf dem Bosporus – von Eminönü bis Tarabya

Karte: ▶ Karte 6, C 2/3 | **Anfahrt:** Tramvay: Eminönü

Selbst wenn man nur wenige Tage in Istanbul verbringt, sollte man eine Bootstour auf dem Bosporus einplanen. Schon im 17. Jh. lernte man die Schönheiten der bewaldeten, sanften Hügelketten diesseits und jenseits des Wassers schätzen und lieben. »An den süßen Wassern Asiens« ließ man sich nieder und errichtete an der Uferfront repräsentative Holzvillen (yalı). Heute wetteifern grobe Bausünden mit dem Glanz vergangener Epochen. Das Flair aber ist geblieben.

Der zwischen 700 m und 3,4 km breite Bosporus trennt Europa vom asiatischen Kontinent und ist von jeher für die Stadtgeschichte von geopolitischer Bedeutung. Der Name wird aus der Mythologie hergeleitet: Angeblich überquerte Io, die Tochter des Flussgottes Inachos und Geliebte des Zeus, in Gestalt einer Kuh

an der ›Rinderfurt‹ (lat. *bosporus)* diese natürliche Grenze. Die Istanbuler lieben ihr ›schmales Meer‹. Hier wird flaniert, gepicknickt, geangelt und gefeiert.

Paläste und Dörfer

Der **Dolmabahçe-Palast 1** war der Sitz des letzten Sultans sowie die Staatsresidenz Atatürks. Seine ›Schokoladenseite‹, die Uferfront, kommt vom Schiff aus besonders gut zur Geltung (s. auch S. 72). Es schließt sich der Ort **Beşiktaş 2** an: Er ist nicht nur Namensgeber und Heimatstadt des berühmten Istanbuler Fußballvereins, sondern hat auch sonst einiges zu bieten. In dem hinter der Anlegestelle und dem Marinemuseum gelegenen quirligen Stadtteil kann man hervorragend shoppen, sein Fisch- und Gemüsemarkt lohnt einen späteren Besuch. Weiter geht es in Richtung Ortaköy. Man passiert dabei den unter Sultan Abdülaziz errichteten **Çırağan-Palast 3**, der heute ein nobles Luxushotel beherbergt. Die Bauarbeiten für diese verschwenderische Residenz dauerten über ein Jahrzehnt an (Fertigstellung 1874). Dahinter befindet sich der gerade bei Istanbuler Familien wegen seiner Picknickmöglichkeiten beliebte **Yıldız-Park 4**, in dem malerische Pavillonbauten im neo-osmanischen Stil liegen, die wie der Şale Köşkü (jetzt ein kleines Museum für Kunsthandwerk) museal genutzt werden.

Ortaköy 5, das ›mittlere Dorf‹, hat sich in den letzten Jahren zu einem neuen Freizeit-Mittelpunkt entwickelt. In ungezwungener Atmosphäre genießt die Jugend gerade am Wochenende die Annehmlichkeiten der Restaurant-, Disko- und Kneipenszene, was bei engen Zufahrtsstraßen und wenigen Parkplätzen immer wieder ein Verkehrschaos herbeiführt. Das Ufer wird von der **Ortaköy Camii** beherrscht, die Sultan Abdülmecid 1854/55 errichten ließ.

Brutal dominant erhebt sich hinter dem Dorfzentrum das Tragwerk der 1973 eröffneten **Boğaz Köprüsü 6**. Zwischen zwei 165 m hohen Pylonen ist die über 1 km frei tragende Brücke aufgehängt. Unmittelbar hinter der Brücke ist ein architektonisches Unikum zu entdecken: Am Hang über Ortaköy hängt wie ein Vogelnest das **Wohnhaus von Bruno Taut 7**, des bekannten deutschen Architekten (errichtet 1937/38). Der pagodenförmige Aufbau des Hauses mit großen Panoramafenstern, das wie eine Art Brücke auf Betonstützen vom Abhang frei in die Landschaft hineinragt, erinnert sowohl an japanische Architektur als auch an die leichte Bauweise der türkischen *köşk* (Pavillon), wie sie schon in osmanischer Zeit existierten. Wie nicht wenige deutsche Künstler, Politiker und Architekten lebte Taut während der Zeit des Nationalsozialismus – nach anderen Stationen des Exils – als Hoch-

schullehrer in der Türkei und verlieh mit Architektenkollegen wie Paul Bonatz oder Clemens Holzmeister dem Reformwillen Atatürks und seines Nachfolgers Ismet Inönü auch einen architektonischen Ausdruck.

Man erreicht **Arnavutköy 8**, eine mit historischen Holzhäusern und Fischlokalen gesäumte Uferstraße. Sie sind leider dem Lärm und den Abgasen des Verkehrs hoffnungslos ausgeliefert, denn in den 1990er-Jahren hat man vor die mit *yalı* bebaute Uferfront eine Straße in den Bosporus gesetzt. Das Dorf selbst verzaubert mit dem leicht verblichenen Charme der Zeit um 1900 – als sei die Zeit stehen geblieben, eine Zeit, in der Arnavutköy vor allem eine griechische Enklave war. Der Ort liegt allerdings genau an der engsten Stelle des Bosporus, so dass Städteplaner und Visionäre immer wieder einen begehrlichen Blick auf Arnavutköy werfen. Die dritte Bosporusquerung (Yavuz-Sultan-Selim-Brücke) wird nun aber im Norden der Meerenge nahe Sarıyer erbaut, sie soll Ende Mai 2015 für den Verkehr auf Schiene und Straße freigegeben werden.

Zuckerbäcker und Kriegsherren

Bebek 9 ist ein beliebter Wohnort und als ›Zuckerbäckerdorf‹ bekannt. Etliche Konditoreien und Bäckereien laden mit türkischen und französisch inspirierten süßen Teigwaren zu einer Pause ein. Aufgrund des steigenden Verkehrsaufkommens wurde die **Fatih Sultan Mehmet (FSM)-Brücke 10** zur Entlastung der ersten Bosporus-Brücke errichtet und verweist auf die davorliegenden Burgen **Rumeli Hisarı 11** (s. auch S. 20) und **Anadolu Hisarı 12** (*anadolu* = ›auf der anatolischen Seite‹), die unter Sultan Mehmet Fatih um 1452 in der Rekordzeit von je vier Monaten erbaut wurden, um den Schiffsverkehr auf dem Bosporus zu kontrollieren. Von hier aus konnten die Osmanen in aller Ruhe zum Sturm auf Konstantinopel rüsten. Direkt hinter der Brücke schließt sich das beschauliche Dörfchen **Emirgan** an, das sich am Fuße eines großen Parks erstreckt. Gegenüber auf der asiatischen Seite folgt **Çubuklu**. Im Park über dem Ort residierten einst die Vizekönige von Ägypten im beeindruckenden **Hıdıv Kasrı**, dem Khediven-Schlösschen **13**. Der Ort **Tarabya** **14**, wieder auf europäischer Seite, liegt in einer schönen Bucht, in der Segelyachten ankern und Angler Sardinen fangen. Die geschützte Stelle »Therapeia« war wegen ihres milden Klimas schon im 19. Jh. bei den Griechen als Sommerfrische beliebt. Tarabya ist auch der Sitz einer hölzernen Sommerresidenz des deutschen Botschafters, deren Gebäude pavillonartig in einem Park liegen. Hier wurde eine Künstlerakademie mit Stipendiaten aufgebaut, die das Prinzip der römischen Villa Massimo an den Bosporus gebracht hat.

Praktische Infos

Wer nicht viel Zeit hat, sollte die **Non-Stop-Bosporus-Tour** unternehmen. Die zweistündige Tour (April–Ende Okt. tgl. 14.30 Uhr) beginnt und endet in Eminönü (Bogaz Hatti 3 Iskelesi), kostet ca. 5 € und geht bis knapp hinter die zweite Bosporusbrücke. Alternativ gibt es die audiogeführte **lange Bosporustour** 2 x tgl. 10.35 und 13.35 Uhr ab Eminönü mit Halt in Beşiktaş, Kanlıca, Sarıyer, Rumeli Kavağı, Anadolu Kavağı. Vom Endpunkt geht es um 15 u. 17, Sa, So um 18 Uhr, Uhr zurück, sodass sich ein Aufenthalt in Sarıyer oder dem Endpunkt Anadolu Kavağı zum Fischessen anbietet (einfache Fahrt knapp 2 Std., 5,50 €, Hin- u. Rückfahrt 9 €). Fahrpläne der **städtischen Bootsgesellschaft:** www.sehirhatlari.com.tr

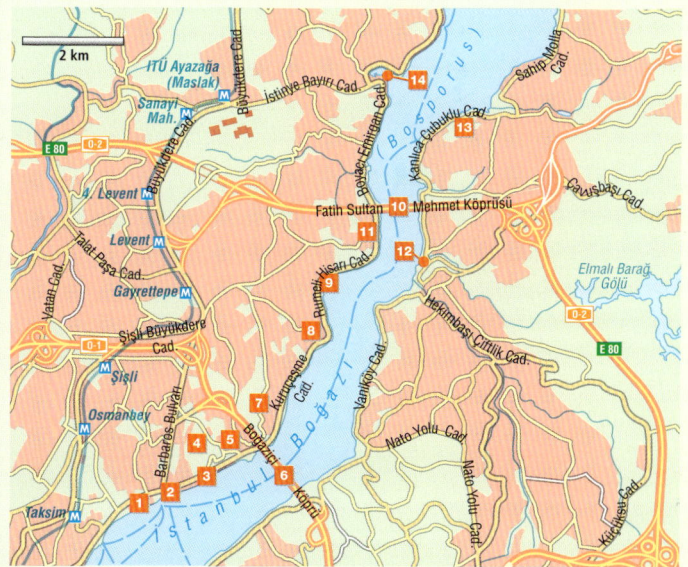

Karte: ▶ Karte 6, C/D 4 | **Anfahrt:** Deniz otobüsü ab Kabataş; Fähre ab Eminönü

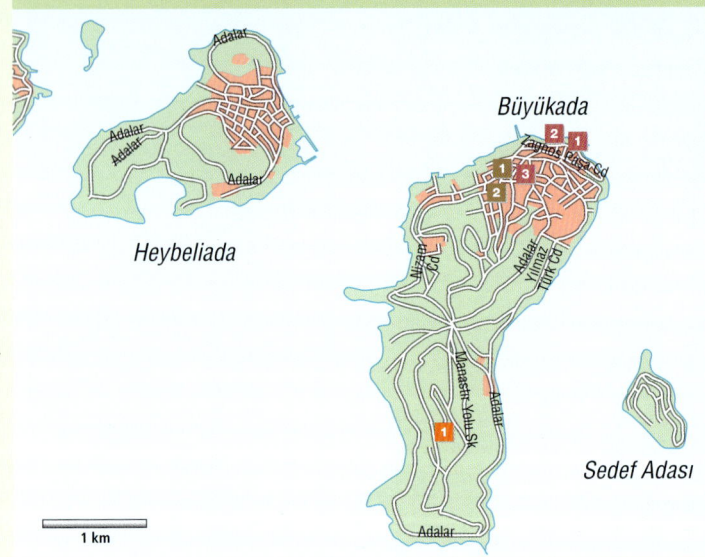

Wer vom Stress der Millionen-stadt mal genug hat, ist hier genau richtig: Eine kleine Schiffsreise führt zu den Prinzeninseln, die auch bei den Einheimischen als Ausflugsziel seit dem 19. Jh. ungebrochen beliebt sind. Autos haben hier keine Chance – auf den Inseln verkehren nur Pferde-kutschen.

Besonders in den Sommermonaten, wenn die Hitze der Stadt unerträglich wird, nimmt sich der Istanbuler am Wochenende oder gleich für die gesamten Sommerferien eine Auszeit und fährt mit Sack und Pack über das Marmarameer zu den Prinzeninseln etwa 20 km südlich der Stadt vor der asiatischen Küste.

In byzantinischer Zeit war der Anteil der Klerikalen an der Bevölkerung sehr groß. Viele Mönchsgemeinschaften errichteten hier fernab vom mächtigen Arm des Patriarchen Klöster. Außerdem waren die Inseln beliebt, um unbequeme politische Gegner aus der Hauptstadt zu verbannen. Darunter sollen sich auch Prinzen befunden haben, die den Inseln ihren Namen gaben. Bis in die 1960er Jahre diente eine der Inseln (Yassıada) als Gefängnis – mangels Prinzen hat man hier aber gerne zu Zeiten der Militärregierungen abgesetzte Volksvertreter ›untergebracht‹.

Autos verboten!

Vier der neun Eilande sind heute besiedelt und werden von Shuttle-Booten angefahren: Kınalıada, Burgazada, Heybeliada und Büyükada. Während Kınalıada und Burgazada gerne für den Badekurzurlaub genutzt werden, bietet sich Heybeliada für eine kleine Wanderung an. Das seit 1971 geschlossene griechisch-orthodoxe Priesterseminar auf Heybeli soll bald wieder geöffnet werden – ein hoffnungsvolles Zeichen der Annäherung zwischen den Religionen.

Die größte und schönste der Inseln ist **Büyükada** (›Große Insel‹), wo außer Stadtverwaltung, Feuerwehr und Polizei niemand motorisierte Fahrzeuge hat. Für ein bequemes Fortkommen sorgen zahllose Pferdekutschen, deren zentraler Sammelplatz sich in direkter Nähe zum Fähranleger befindet.

Seit der Zeit um 1900 verbringt die Istanbuler Oberschicht hier im milden Meeresklima die erholsamen Tage der Sommerfrische. Man lebt in prachtvollen Holzvillen, deren Jugendstilarchitektur der vorherrschende Baustil der Insel war. Fast alle Häuser stehen heute unter Denkmalschutz. Während in den Wintermonaten nur etwa 6500 Einwohner auf der Insel verweilen, bevölkern sie während des Sommers bis zu 40 000. Darunter ist auch ein kleiner Teil Griechen, die in der Zeit, als die Insel noch Prinkipo hieß, die Mehrheit der Bevölkerung stellten.

Heilige und Exilanten

Von Nord nach Süd erstreckt sich die Insel über etwa 4 km. Auf dieser Länge erheben sich zwei Anhöhen: der Isa Tepesi (›Jesus-Hügel‹) mit einer Höhe von 164 m und der Yüce Tepe (›Großer Hügel‹), der mit 202 m die höchste Erhebung der Prinzeninseln darstellt. Er liegt im südlichen Teil der Insel, in dem sich idyllische Kiefernwälder erstrecken. Von hier aus erreicht man das auf der Anhöhe gelegene **Georgskloster** **1**,

Nur mit Pferdedroschken ist man auf Büyükada, der mondänsten Prinzeninsel, unterwegs

dessen Gründungsbau aus dem 10. Jh. stammt. Auf dem Weg hangaufwärts befestigen orthodoxe Gläubige als Zeugnis für ihre Gebete kleine Stoffbänder an den Sträuchern. Oben angekommen, kann man sich im urigen **Aya Yorgi Kır Lokantası** neben der Kirche bei grandiosem Blick preiswert stärken.

Einer der bekanntesten Bewohner der Insel war übrigens Leo Trotzki, der hier 1929 bis 1933 im Exil lebte. Er nutzte die idyllische Ruhe des Orts, um seine Autobiografie und die »Geschichte der russischen Revolution« zu schreiben. Hauptsächlich aber tat er das, was alle hier gern machen: Er angelte.

Anfahrt
Mit dem Deniz Otobüsü (nur im Sommer) von Kabataş aus in 35–50 Min. elfmal tgl., 3,50 €, Fahrplan unter www.ido.com.tr; mit dem Schiff ganzjährig von Kabataş, Fahrtdauer 90 Min., Fahrplan im Sommer und Winter unterschiedlich, 1,75 €, Fahrplan: www.sehirhatlari.com.tr, www.denturavrasya.com

Kutschfahrten
Am zentralen Kutschplatz befindet sich eine Tafel, an der die Festpreise für eine kleine bzw. große Inselrundfahrt (Dauer ca. 70 Min.) angezeigt werden (23 € bzw. 27 € für max. 4 Personen).

Übernachten
Splendid Palace Hotel 1 (Büyükada, 23 Nisan Cad. 39, Tel. 0216 382 69 50, www.splendidhotel.net, DZ 110 €). Das in einem Stilgemisch aus Art Nouveau und neo-osmanischen Elementen erbaute Haus besteht seit 1908. Die Zimmer gruppieren sich um einen Lichthof herum. Die Räume zur Straße hin gewähren einen traumhaften Blick über das Marmarameer in Richtung Istanbul.
Büyükada Princess 2 (Büyükada, 23 Nisan Cad. 2, Tel. 0216 382 16 28, www.worldofprincess.com, DZ 90 €). Das aus Holz errichtete Haus mit seinen Balkonen, Nischen und Erkern liegt in unmittelbarer Nähe zum Fähranleger.

Urige Kneipe
Prinkipo Meyhanesi 1: Büyükada, Kumsal Cad. 80, Tel. 0216 382 35 91. Im Grünstreifen östlich des Schiffsanlegers versteckt sich diese Kneipe, deren inselbekannter Besitzer es sich zur Aufgabe gemacht hat, gediegene Kneipenkultur aufrecht zu erhalten. Wunderbare, originelle Vorspeisen. Unbedingt empfehlenswert!

Fischrestaurants
Ebenfalls in Anlegernähe finden sich einige traditionelle **Fischrestaurants,** in denen man sich vor der Rückreise noch einmal stärken kann.
Ali Baba, Büyükada 2 (Gülistan Cad. 20, Tel. 0216 382 37 33, www.alibababuyukada.com, tgl. 12–23 Uhr). Den frischen Fisch kann man hier mit einer unverbaubaren Aussicht auf das Meer genießen.

Nostalgisch
Akasya 3 (23 Nisan Cad. 49, Tel. 0216 382 10 50). Gleich neben dem Splendid Palace liegt dieses Bistro/Café/Restaurant im Stil des benachbarten Hotels. Abends gibt es Jazz-Club-Atmosphäre zu türkisch-italienischer Küche.

Lese-Tipp
Joachim Sartorius, Die Prinzeninseln, Hamburg 2009 (mare verlag): Am Schönsten liest sich dieser poetische Reisebericht natürlich unter einer schattigen Pinie auf den Inseln selbst.

15 | Auf Wallfahrt – Eyüp am Goldenen Horn

Karte: ▶ Karte 6, C 2 | **Anfahrt:** Buslinie 99 von Eminönü: Teleferik Pierre Loti

Gerade an einem Freitag kann der Besuch am Wallfahrtsort Eyüp zu einer spirituellen Erfahrung werden. Wer den Aufstieg durch die wildromantischen, halbverfallenen Friedhöfe nicht scheut, wird im aussichtsreichen Café Pierre Loti mit einem atemberaubenden Panorama über das Goldene Horn und die Silhouette der Altstadt belohnt.

Das malerische Dorf Eyüp an der Nordspitze des Goldenen Horns ist bis heute neben Mekka, Medina und Jerusalem ein wichtiger islamischer Wallfahrtsort. Täglich kommen unzählige Pilger, um das Grab des Abu Eyüp al Ansari, eines Bannerträgers des Propheten Mohammed, zu verehren. Dieser war bei einer Belagerung Konstantinopels durch die Araber im 7. Jh. gefallen. Seine sterblichen Überreste wurden der Überlieferung zufolge bei der Erobe-

rung Konstantinopels 1453 wieder aufgefunden und in einer prachtvollen, fliesenverzierten Türbe (Grabbau) im idyllisch wirkenden Innenhof der **Eyüp Sultan Camii 1** beigesetzt.

Bannerträger des Propheten

Die Eyüp Sultan Camii zählt eigentlich zu den ältesten Bauten Istanbuls, allerdings ließ der Zahn der Zeit vom Gründungsbau Mehmet II. Fatihs (1458) nichts mehr übrig. Das heutige Erscheinungsbild geht auf den reformerischen Sultan Selim III. zurück, in dessen Beisein die Moschee 1800 eröffnet wurde.

In langen Schlangen stehen die Gläubigen vor dem vergoldeten Gitter, durch das der mit grünem Tuch verhüllte Kenotaph betrachtet werden kann. Frauen und Männer warten geduldig, bis ihre Vorgänger das Gebet gesprochen haben und sie an der Reihe sind. Junge Mütter tragen ihre Säuglinge dorthin, um sie dem besonderen Schutz

69

des Bannerträgers anheim zu geben. Auch viele wie kleine Prinzen ausstaffierte Jungen kommen anlässlich ihrer Beschneidung hierher, und in den Gassen des Dorfs blüht der Devotionalienhandel.

Auf Friedhöfen in der Nähe befinden sich verschiedene Türben, u. a. die **Türbe des Großwesirs Sokullu Mehmet Paşa** 2 , deren Entwurf Sinan zugeschrieben wird. Wie andere Würdenträger wurde der Großwesir nach seiner Ermordung 1579 in unmittelbarer Nähe zum Grab des Abu Eyüp bestattet (s. S. 69) und nicht wie üblich bei der von ihm gestifteten Moschee.

Entlang des malerischen Cülus Yolu gelangt man vorbei am **İmaret der Mihrişah Valide Sultan** 3 (Armenküche) von 1796 zur historischen **Bibliothek Hüsrev Paşas** 4 , die 1839 gestiftet wurde, und steht direkt an der Uferstraße am Goldenen Horn. Die zuerst von Hüsrev Paşa propagierte Ablösung des Turbans durch den Fes (eine Kappe aus rotem Filz) für alle Staatsbeamten unter Sultan Mahmut II. führte zu einer starken Nachfrage. In hoher Stückzahl wurde sie im **Feshane** 5 , einer der ersten osmanischen Fabriken unter staatlicher Kontrolle und heute Kulturzentrum, gefertigt. An dieser Stelle führt nun die legendäre **Alte Galata-Brücke** 6 (1912) über das Goldene Horn (Haliç), die für das Kulturhauptstadtjahr 2010 hierher verlegt wurde.

Westlich des Wallfahrtsorts ziehen sich weitere, baumbestandene Friedhofsanlagen den Berg hinauf. Die Gräber sind vielfach überwuchert, und die Inschriftensteine, die von steinernen Turbanen bekrönt werden, häufig windschief. Dies ist ein bewusst zugelassener Verfallsprozess, der den Vorstellungen des islamischen Totenkults entspricht.

Fantastischer Ausblick

Der Aufstieg lohnt sich, denn auf der Anhöhe über dem Friedhof von Eyüp liegt das **Café Piyerloti** 1 . Der Namensgeber war der französische Marineoffizier und Schriftsteller Pierre Loti (eigentlich: Julien Viaud), der zu den bedeutendsten Literaten des Fin-de-siècle Frankreichs zählt und im letzten Viertel des 19. Jh. in Istanbul weilte. Seine Sehnsucht, in ferne Länder zu reisen und die allgemein verbreitete Orientbegeisterung inspirierten ihn schon 1879 zu seinem Meisterwerk »Aziyadé«. In einer höchst originellen Mischung aus Fiktion und Tatsachenbericht erzählt der Roman, dessen schwül-exotische Ideenwelt direkt der Wasserpfeife des Dichters entstiegen sein dürfte, die Geschichte einer unglücklichen Liebe eines jungen englischen Marineoffiziers zur tscherkessischen Frau eines osmanischen Würdenträgers. Derlei gefährliche Tändelei kann natürlich nicht gut ausgehen. Man muss sich den ständig Nargile rauchenden Pierre Loti allerdings als glücklichen Menschen vorstellen: Was für eine Aussicht! Vom Café aus hat man einen traumhaften Blick bis hin zum Topkapı Sarayı und über das Goldene Horn nach Beyoğlu. Heute verkehrt der **Teleferik** 7 (Seilbahn) mit der man schnell und bequem den Höhenunterschied überwinden kann.

Industriearchäologie

Von Eyüp aus lohnt sich anschließend die Weiterfahrt mit dem Taxi zum **Santral Istanbul** 8 . Dort wurde am Ende des Goldenen Horns auf dem Gelände der privaten Bilgi-Universität ein Museum und Kulturzentrum eingerichtet. Das Kraftwerk Silahtarağa war von 1912 bis 1983 in Betrieb und erzeugte mit deutschen Siemens- und AEG-Turbinen schon zu Sultans Zeiten Strom. Später reichte seine Leistung für die Millionenstadt aber nicht mehr aus. 2007 wurde dieses Schmuckstück der Industriekultur als Museum wiedereröffnet.

Das Energiemuseum präsentiert sich ganz im historischen Ambiente: Neben den riesigen Generatoren und Turbinen verströmt besonders die futuristisch anmutende Schaltzentrale des Kraftwerks den morbiden Charme der alten Industrieanlage. Gut für Kinder: ›Hands-on‹-Stationen erläutern auf spielerische Weise physikalische Phänomene. Im Kunstmuseum werden auf mehreren Stockwerken alle Register einer zeitgemäßen und räumlich extrem großzügigen Präsentation von moderner und zeitgenössischer Kunst gezogen.

Mit einer Bibliothek, einem Kinosaal und den vermittlerischen wie gastronomischen Angeboten ist mit dem Santral Istanbul zweifelsohne ein neues kulturelles Highlight Istanbuls entstanden, das der ansonsten trostlosen Umgebung neues Leben einhaucht.

Praktische Infos

Teleferik: Seilbahn zwischen Eyüp und Café Piyerloti, tgl. 8–23 Uhr, Jeton (einfache Fahrt) 0,90 €.

Santral Istanbul (Kazım Karabekir Caddesi 2, Tel. 0212 311 78 78, www.santralistanbul.org, Di–Fr 10–18, Sa, So 10–20 Uhr, Eintritt 7 €). Gut zu wissen: Es gibt einen kostenlosen Bus-Shuttle von Kabataş zum Santral Istanbul (Mo–Fr 8–16.30 halbstündlich, Sa, So 9–19 Uhr zur vollen Stunde).

Idyllisch mit Aussicht

Café Piyerloti / Pierre Loti 1 İdris

Köşkü Cad., Tel. 0212 497 13 13, www.pierrelotitepesi.com, tgl. 8–24 Uhr. Bei Studenten wie Reisegruppen beliebt und ungeschlagen preiswert: Tee und Toast.

Studentisch

Papaz 2 : Kazım Karabekir Cad. 2, Tel. 0212 427 18 89, tgl. 8–22 Uhr. Nachdem 2012 Alkoholausschank auf Universitätsgeländen verboten wurde, hat dieses nun ›trockene‹ Lokal auf dem Areal der Bilgi-Universität erschwingliche Sandwiches, Salate, Kaffee und Kuchen im Angebot.

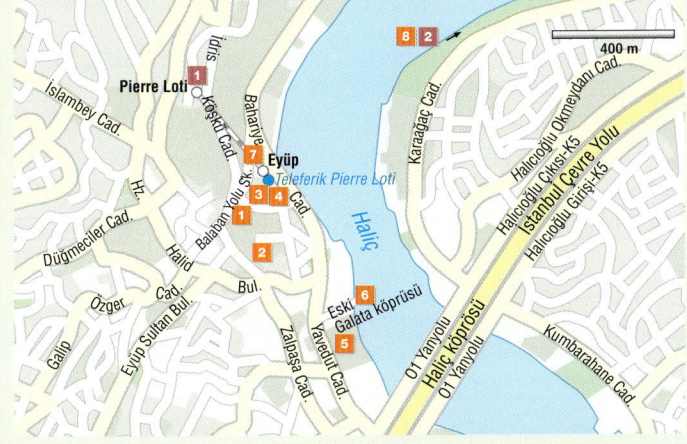

Noch mehr Istanbul

Wahrzeichen und Paläste

Dolmabahçe-Palast ► L/M 1
*Beşiktaş, Dolmabahçe Caddesi, Tel.
0212 258 55 44, www.millisaraylar.
gov.tr, Tramvay T1: Kabataş, tgl. außer
Mo und Do 9–16 Uhr (im Winter bis 15
Uhr) stdl. Führungen (ca. 45 Min.), Eintritt Empfangs- und Privaträume 18 €*
Mitte des 19. Jh. erschien es dem Sultan
Abdülmecit nicht mehr zeitgemäß, im
Topkapı Sarayı zu residieren. Daher be-
auftragte er die armenischen Architekten Karabet und Nikoğos Balyan mit
dem Bau des im Jahr 1853 endgültig
fertiggestellten Palastes am westlichen
Bosporusufer. Verschiedene Stile von
Neorenaissance bis Neorokoko vereini-
gen sich zu einem einzigartigen Ge-
samtkunstwerk. Nicht nur, dass die Drei-
flügelanlage des Palastes in ihrer räum-
lichen Ausdehnung zu den größten
Gebäuden Istanbuls gehört, sie ist zudem im Innern aufwendig ausgestattet:
Kunstvolle Wandmalereien und Tapeten,
drapierte Stoffe, Teppiche und Kilims,
Marmor- und Alabasterbäder sowie
Treppenhandläufe aus Kristall künden
vom erlesenen Geschmack und letzten
Aufbäumen des Herrschaftswillens der
osmanischen Sultane. Im Obergeschoss
erinnert der Botschaftersalon an die vielen Besuche ausländischer Gesandter
am Sultanshof, die schon zu Beginn der
Visite mit aufwendigen Geschenken um
die Gunst des Herrschers vom Bosporus
buhlten. Am 10. November 1938 starb
im Palast der Staatsgründer Atatürk,
dessen Zimmer seitdem im Originalzu-
stand belassen wurde. Zum Ensemble
gehören auch der **Uhrturm** (1890) und
die **Dolmabahçe Camii** von 1853 auf
quadratischem Grundriss, die von der
Sultansmutter gestiftet wurde.

Gotensäule (Gotlar Sütunu)
► Karte 3, K 6
Tramvay T1: Gülhane
Die sogenannte Gotensäule steht im
Gülhane-Park, der einst zu den Lustgär-
ten des Topkapı Sarayı gehörte und
heute als Naherholungspark dient. Vermutlich wurde die Säule 332 von Kaiser
Konstantin zur Erinnerung an den Go-
tenzug seines Sohns errichtet. Auf dem
15 m hohen Granitschaft soll einst die
Figur des Stadtgründers Byzas gestanden haben.

Konstantin-Säule ► Karte 3, H 7
*Çemberlitaş, Yeniçeriler Caddesi,
Tramvay T1: Çemberlitaş*
Im Jahr 328 ließ Kaiser Konstantin in
der Mitte des nach ihm benannten Forums eine Ehrensäule errichten, die von
einer Statue des Herrschers als ›sol in-
victus‹ (unbesiegbarer Sonnengott) bekrönt war. Der türkische Name *çemberlitaş* (›umreifter Stein‹) geht auf die Ei-
senmanschetten zurück, welche die
noch vorhandenen sechs Porphyrtrom-
meln der Säule zusammenhalten. Die
heute vermauerte Basis war vermutlich
mit Reliefdarstellungen geschmückt.
Der Überlieferung nach hatte Konstantin zur Weihe heidnische wie christliche

Reliquien im Fundament einmauern lassen, so das Palladion (Schutzidol) des Aeneas, die Axt Noahs oder Nägel vom Kreuz Christi.

Valens-Aquädukt (Bozdoğan Kemeri) ▶ E/F 5

Şehzadebaşı, Atatürk Bulvarı,
Metro M2: Vezneciler
Die weithin sichtbare Bogenarchitektur diente zur Überbrückung einer Talsenke und führte aus dem Westen Istanbuls Wasser heran, das in einem Nymphaeum am Forum Tauri (heute Beyazıt-Platz) gesammelt und weiterverteilt wurde. Das byzantinische Bewässerungssystem der Stadt wurde unter Kaiser Valens (368–373) ausgebaut und später von den osmanischen Eroberern weiter genutzt. Meisterarchitekt Sinan entwarf als Ingenieur zahlreiche Aquädukte nach diesem Vorbild.

Kız Kulesi (Leander-Turm)

▶ Karte 5
Als Wahrzeichen markiert der Leander-Turm aus dem 18. Jh. die Hafeneinfahrt von Üsküdar. Er war einst ein Widerlager für Ketten, mit denen der Bosporus in Kriegszeiten abgesperrt werden konnte. Mythologisch betrachtet, erinnert der Turm an den unglücklichen Leander, der ertrank, als er den Hellespont schwimmend zu durchqueren versuchte, um zu seiner Geliebten Hero zu gelangen. Aus Verzweiflung stürzte sich Hero bald darauf von ihrem Turm ins Meer, um mit dem Geliebten im Tode vereint zu sein. Ergreifend!

Kirchen

Christuskirche (Christ Church)

▶ Karte 2, H 3
Tünel, Serdar-ı Ekrem Sokak 82, Tram-
vay: Karaköy / Tünel

Zum Gedenken an den Krimkrieg entwarf der englische Architekt George Edmund Street 1858 ein neogotisches Gotteshaus im Stil des viktorianischen Zeitalters. Teile der zeittypischen Ausstattung, wie zum Beispiel die Glasfenster, befinden sich noch vor Ort. Heute dient es allen Menschen anglikanischen Bekenntnisses als Kirche.

Aya Triada (Hagia Triada)

▶ Karte 2, J 2
Taksim, Meşelik Sokak 11/1,
Metro M2: Taksim
Die Kirche der Dreifaltigkeit steht am prominentesten Platz der Neustadt und erinnert auf diese Weise sehr anschaulich daran, dass das Vielvölkergemisch in Beyoğlu lange von Griechen dominiert wurde. Die griechisch-orthodoxe Gemeinde verwahrt einen ansehnlichen Schatz an Ikonen und Kirchengerät. Hagia Triada wurde vor kurzem renoviert und erstrahlt in neuem Glanz.

Polyeuktos-Kirche ▶ F 6

Şehzadebaşı, in der Nähe der Stadtver-
waltung (Belediye Sarayı), Metro M2:
Vezneciler
Aufgrund eines Gedichtfragments konnten die Überreste dieses spätantiken Kuppelbaus mit der Kirche identifiziert werden, die die Adlige Anicia Juliana 524/527 zu Ehren des Märtyrers Polyeuktos gestiftet hatte und die mit den Ausmaßen des legendären salomonischen Tempels in Jerusalem wetteifern sollte. Die heute sichtbaren Fundamente beeindrucken immer noch durch ihre Größe. Viele der erhaltenen Bauglieder werden jetzt im Hof des Archäologischen Museums aufbewahrt. (s. S. 38) Zwei Pfeiler und Bauschmuck der Kirche waren schon im 13. Jh. von den Kreuzfahrern nach Venedig gebracht worden und sind in San Marco verbaut.

Moscheen

Moscheen (türk. *cami*) dürfen auch von Nichtmuslimen besucht werden. Man betritt eine Moschee stets ohne Schuhe, Frauen müssen den Kopf und die Schultern mit einem Tuch bedecken. Nackte Haut ist allerdings auch bei Männern tabu. An den Besuchereingängen größerer Moscheen stehen Kleidungsstücke als Überbekleidung zur Verfügung.

Beyazıt Camii ► G 6

Beyazıt, Beyazıt Meydanı,
Tramvay T1: Beyazıt
Einst nahe am Eski Saray (Alter Palast) gelegen, zählt die Beyazıt Camii zu den ältesten Sultansmoscheen in Istanbul. Zwischen 1500 und 1506 ließ Beyazıt II. eine Kuppelmoschee sowie Stiftungsbauten wie Armenküche und Gästehäuser errichten. Der quadratische Grundriss der Moschee wird beim Vorhof wieder aufgegriffen, den man durch seitliche Portale betritt. Beim Kuppelsystem orientierte man sich an der Architektur der Hagia Sophia: Zwei kleinere Halbkuppeln stützen in der Längsachse die mächtige Hauptkuppel. Im umfriedeten Garten liegen unter anderem die Türben (Grabbauten) des Sultans und seiner Tochter Selçuk Hatun.

Bodrum Camii ► F 7

Aksaray, Lâleli Caddesi, Tramvay T1:
Aksaray
Mittlerweile leider zwischen nichtssagenden Häuserzeilen und Billiggeschäften eingezwängt, ist die Bodrum Camii (Myrelaion-Kirche) ein früher und zugleich bedeutender Vertreter der in der byzantinischen Architektur weit verbreiteten Kreuzkuppelkirche. Kaiser Romanos Lakapenos ließ die Kirche um 920 als Palastkirche über einem älteren Unterbau errichten, der als Grabstätte dieser Dynastie angesehen wird. 1574 wurde die Myrelaion-Kirche durch Mesih Paşa als Moschee eingerichtet.

Eski İmaret Camii ► E 4

Fatih, nahe der Kadı Çeşmesi Sokak
Christus, dem ›Allesseher‹, war das sogenannte Pantepoptes-Kloster in byzantinischer Zeit gewidmet. Die im 11. Jh. entstandene, noch heute gut erhaltene Klosterkirche ist ein klassischer Kreuzkuppelbau mit ehemals vier Säulen, die wie so häufig nach Umwandlung in eine Moschee durch Pfeiler ersetzt wurden. Im Osten schließt der mäßig hohe Raum, den man aufgrund einer Länge von nur 14,50 m eher als Kapelle bezeichnen müsste, mit einer typischen dreigeteilten Chorpartie. Die Vorhalle stammt aus späterer Zeit.

Fatih Camii ► E 5

Fatih, Zugang von der Fevzi Paşa
Caddesi
Sultan Mehmet II. trug stolz den ehrenvollen Beinamen Fatih (der Eroberer), war es ihm doch nach mühevoller Belagerung 1453 gelungen, dem Byzantinischen Reich den Todesstoß zu versetzen und die Hauptstadt zu erobern. An der Stelle der Apostelkirche, einer der bedeutendsten Sakralbauten der Byzantiner und Grablege ihrer Kaiser, ließ er schon bald danach triumphierend seine Siegesmoschee errichten. Im Innenhof erinnern die wieder verwendeten Säulen aus Rosengranit und andere antike Bauteile aus Porphyr an diese Maßnahme. 1766 zerstörte ein Erdbeben die Moschee und die übrigen zum Stiftungskomplex gehörenden Gebäude, so dass die Originalarchitektur des 15. Jh. rekonstruiert werden musste.

Von hier aus lohnt ein kurzer Abstecher zur **Markian-Säule,** einer 450/452 errichteten Ehrensäule für Kaiser Markianos (450–457), die im Volksmund aufgrund der Niken des Sockelre-

Hinter der Ortaköy-Moschee erhebt sich die erste Bosporus-Brücke

liefs auch Kıztaşı (›Mädchenstein‹) genannt wird (an der Kıztaşı Caddesi).

Fenari İsa Camii ▶ D 6
*Aksaray, Adnan Menderes Bulvarı,
Halıcılar Caddesi, Tramvay T1 Aksaray,
Hafif Metro M1: Emniyet*
An der großen Ausfallstraße nach Nord-
westen trifft man vom Aksaray-Platz
ausgehend auf die Fenari Isa Camii, die
Doppelkirche des ehemaligen Lips-
Klosters, die im 17. Jh. in eine Moschee
umgewandelt wurde. Besonders die Ap-
siden mit ihren teilweise ungewöhnlich
schlanken Proportionen und das orna-
mentale Ziegelmauerwerk verraten außen noch viel von der ursprünglichen
Bedeutung dieses Baus. Die nördliche
der beiden Kirchen ist eine der ältesten
bekannten Kreuzkuppelkirchen in Kon-

stantinopel und war der Gottesmutter
geweiht (10. Jh.). Die Südkirche, im
Kern ein quadratischer Kuppelraum mit
Umgang, wurde zwischen 1282 und
1304 unter den Palaiologenkaisern errichtet. Gern ließ man sich in seiner
frommen Stiftung auch bestatten, um in
das Gebet der Mönche um das Seelen-
heil der Verstorbenen mit einbezogen
zu werden: So dienten die südliche Vorhalle und das Parekklesion im Süden
auch als Grabkapelle. Hier ruhten etliche Mitglieder der kaiserlichen Familie.

Kalenderhane Camii ▶ F 6
*Şehzadebaşı, 16 Mart Şehitleri Cad-
desi, Tramvay T1: Laleli-Üniversite*
Der Name Kalender geht auf die Nut-
zung der Moschee durch die Bettel-Der-
wische des Kalenderordens (*kalender:*

75

›Sonderlinge‹ im 15. Jh. zurück. Vormals gehörte die um 1180 errichtete Kreuzkuppelkirche vermutlich zum Maria-Kyriotissa-Kloster. Der hoch aufragende Innenraum ist äußerst sehenswert, birgt er doch originale wandfüllende Verkleidungen aus Marmor, Mosaikreste (heute teilweise im Archäologischen Museum) und weitere originale Bauteile aus byzantinischer Zeit. In einem der Apsisnebenräume befinden sich seltene Wandbilder mit Szenen aus dem Leben des hl. Franziskus aus der Kreuzfahrerzeit (Mitte 13. Jh.).

Kilise Camii (Kirchenmoschee)

► F 5

Beyazıt, Molla Şemseddin Gürani Sokağı, nahe Vefa Caddesi,
Tramvay T1: Beyazıt
Beim Besuch der Süleymaniye Camii lohnt ein Abstecher zur Kilise Camii. Der Kernbau dieser Kreuzkuppelkirche, deren Säulen man später durch Pfeiler ersetzte, wurde um 1100 errichtet. Vermutlich im 14. Jh. erhielt die Kirche eine Ummantelung mit einer neuen Vorhalle und weiteren Bauteilen. Diese Vorhalle wurde mit wiederverwendeten spätantiken Säulen und Kapitellen sowie einer Mosaikdekoration in den fünf Kuppeln repräsentativ ausgestattet.

Nuruosmaniye Camii

► Karte 3, H 6

Cağaloğlu, Vezirhanı Caddesi,
Tramvay T1: Çemberlitaş
›Licht der Osmanen‹ bedeutet der arabische Name. Dem Architekten Mahmuts I. gelang 1748–1755 eine Art Prototyp: Zum ersten Mal verband sich die osmanische Architektur mit westlichbarocken Stilelementen. Ein steiler Einkuppelraum mit bekrönenden Ecktürmen über den mächtigen Schildbögen ist als Kontrast zum hufeisenförmigen Hof gedacht. Das lichterfüllte Innere

wirkt mit seinen zahlreichen Balkonen und Loggien fast ein wenig verspielt und will nicht so recht zum strengen Ritus des islamischen Gebets passen.

Rüstem Paşa Camii

► Karte 3, G 5

Eminönü, Hasırcılar Caddesi,
Tramvay T1: Eminönü
Sicherlich eine der schönsten Moscheen Istanbuls. Als Oase der Ruhe inmitten des Basarviertels gelegen, schuf Meisterarchitekt Sinan 1561 (im Todesjahr Rüstem Paşas) eine Konstruktion aus einer großen Hauptkuppel mit vier flankierenden Halbkuppeln, die über einem Achteck aufsteigen. Die wunderbare Klarheit des architektonischen Zentralraums konkurriert mit der luxuriösen Ausstattung um die Gunst des Betrachters. Die Wände sind bis zum Gewölbeansatz mit İznik-Fliesen in floralem Dekor und mit einer überbordenden Fülle von Einzelmotiven geschmückt. Auch außen trifft man auf Fayencedekor.

Şehzade Camii (Prinzenmoschee) ► F 6

Şehzadebaşı, Şehzadebaşı Caddesi 70,
Tramvay T1: Aksaray, Bus: Şehzadebaşı
Sinan soll diese Moschee einst als sein Lehrstück bezeichnet haben. Sie war tatsächlich die erste, die der Hofbaumeister für Sultan Süleyman den Prächtigen zwischen 1544 und 1548 entwarf. Die Moschee mit zugehörigen Stiftungsgebäuden ist dem Andenken des Şehzade (Prinzen) Mehmet, eines früh verstorbenen Lieblingssohns des Sultans, gewidmet. Die Türbe (Grabbau) des Prinzen befindet sich im Garten.

Yeni (Valide) Camii ► Karte 3, H 5

Eminönü, Eminönü Meydanı,
Tramvay T1: Eminönü
Die direkt am Ufer des Goldenen Horns gelegene Moschee entstand über einen

extrem langen Zeitraum (1597–1663). Davut Ağa, ein Schüler Sinans, begann mit den Arbeiten für den Bau der Moschee, die nach dessen Tod erst von Hatice Turhan Sultan, der Mutter Mehmets IV. (1648–1687), abgeschlossen wurden. Eine Besonderheit der Yeni (Valide) Camii ist der sogenannte Hünkar Kasrı, ein kleiner Palast im Osten des Gebetshauses, von dem ein verdeckter Zugang direkt zur Sultansloge führt.

Zeyrek Camii (Pantokrator-Klosterkirche)
▶ F 5

Fatih, İbadethane Sokak, Metro M2: Vezneciler

Die drei Kirchen des ehemaligen Pantokrator-Klosters bilden einen einzigartigen Komplex mittelbyzantinischer Architektur in Istanbul. Eine kaiserliche Stiftungsurkunde von 1136 beschreibt detailliert die Aufgaben der Mönche im Kloster, zu denen auch die Pflege von alten und kranken Menschen gehörte. Vorher hatte bereits Johannes II. Komnenos mit seiner Frau Eirene, die 1124 starb, die hoch aufragende Südkirche (heute Moschee) im Kreuzkuppeltypus errichten lassen, die nun mit der kleineren Nordkirche über eine gemeinsame Vorhalle verbunden war. Als letztes Bauglied wurde zeitgleich mit der äußeren Vorhalle die Grabkapelle als Bindeglied zwischen Süd- und Nordkirche erbaut. Die Kapelle diente der Selbstdarstellung der Komnenen und beherbergte Gräber ihrer Dynastie. Daher rührt die leider nur rudimentär erhaltene prächtige Ausstattung mit Fußbodenbelägen aus Marmor und mosaikverzierten Wänden. Nach 1453 wurden die Kirchen unter Molla Zeyrek Mehmet in eine Moschee umgewandelt. Seit 2004 restauriert man die Anlage mit UNESCO-Unterstützung aufwendig, sie ist aber weiterhin zugänglich.

Museen

Askeri Müze (Militärmuseum)
▶ nördl. K 1

Harbiye, am Ende der Cumhuriyet Caddesi, Metro M2: Osmanbey, Tel. 0212 233 27 20, Mi–So 9–17 Uhr Auftritt der Janitscharen-Kapelle (Mehter) im Sommer an den Öffnungstagen um 15 Uhr, Eintritt 2 €

In den weitläufigen Ausstellungsräumen zeigt das Museum eine Waffen- und Uniformsammlung zur Militärgeschichte der Türkei. Höhepunkt des Besuchs ist der Auftritt der Janitscharen-Kapelle in historischen Kostümen im Vorhof des Museums. Europäische Komponisten wie Mozart ließen sich übrigens von der laut scheppernden Militärmusik zu eigenen Kompositionen anregen: Türkische Märsche und das Instrumentarium einer Janitscharen-Kapelle brachten exotisches Flair in die Kunstmusik der Wiener Klassik.

Atatürk Müzesi ▶ nördl. K 1
Şişli, Halaskargazi Caddesi 250, Metro M2: Osmanbey, Tel. 0212 240 63 19, Mo–Mi u. Fr, Sa 9–16 Uhr, Eintritt frei

In jedem öffentlichen Gebäude ist er bildlich präsent, sein Konterfei hängt in vielen türkischen Haushalten: Mustafa Kemal Paşa, später Atatürk genannt, der hochverehrte Staatsgründer, der türkische Übervater. Stätten seines Lebens und Wirkens wie dieses Wohnhaus werden oft zu Wallfahrtsorten, an denen persönliche Habseligkeiten des ›Vaters aller Türken‹ gleichsam reliquienartigen Charakter annehmen.

Deniz Müzesi (Marinemuseum) ▶ M 1
Beşiktaş, Hayrettin İskelesi Sok. (am Bosporusufer), Tramvay T1: Kabataş, Bus nach Beşiktaş, Tel. 0212 327 43

45, www.denizmuzeleri.tsk.tr/en/idmk, Di–Fr 9–17, Sa, So 10–18 Uhr, Winterzeit 9–17 Uhr, Eintritt 2 €
Zu den Ausstellungsstücken gehören unter anderem die schnellen Ruderbarken der Sultane, eine größere Galeere mit mehrreihigen Ruderbänken, sowie alte Karten und Rüstungen. 2013 wurde nach Restaurierung auch ein Neubau für die 20 000 Exponate eröffnet.

Proje4L Elgiz Çağdaş Sanat Müzesi (Museum of Contemporary Art) ► nördl. N 1
Maslak, Meydan Sokak Beybi Giz Plaza B Blok, Metro M2: Levent, Tel. 0212 290 25 25, www.elgizmuseum.org, Mi–Fr 10–17, Sa 10–16 Uhr, Eintritt frei
Istanbuls zeitgenössische Kunstszene lebt immer mehr auf: Neben der rührigen SALT ist dies der wichtigste Standort für aktuelle internationale Kunst in Istanbul. Ein Museum, das sich ganz der modernen und zeitgenössischen Kunst verschrieben hat.

Galata Mevlevihanesi (Mevlevi-Kloster) ► Karte 2, H 3
Tünel, Galip Dede Caddesi 15, Tramvay Karaköy/Tünel, Tel. 0212 245 41 41, tgl. April–Okt. 9–19, Nov.–März 9–16.30 Uhr, an Wochenenden wegen Aufführungen 40 Min. früher, Eintritt 3,50 €
Das Museum ist der Kultur der islamischen Sufi-Bewegung gewidmet und beherbergt die verehrte Grabstätte des Galip Dede, eines Nachfolgers von Celaleddin Rumi (Mevlana). Ausgehend von Konya, wo Mevlana begraben liegt, weitete sich der Kult auf das ganze osmanische Reich aus. Religiöse Schriften, Musikinstrumente und andere Zeremonialgeräte veranschaulichen den Kult der ›Tanzenden Derwische‹, die sich mittels wirbelnder Drehbewegungen in

Trance versetzen. Die heutigen Derwische treten jeden Samstag und Sonntag um 17 Uhr auf, eine spirituelle Einkehr am Originalschauplatz, die man sich nicht entgehen lassen sollte!

Türk Musevileri Müzesi (Jüdisches Museum) ► H 4
Karaköy, Karaköy Meydanı, Perçemli Sokak, Tramvay: Karaköy, Tel. 0212 292 63 33, www.muze500.com, Mo–Do 10–16, Fr u. So 10–14 Uhr, Eintritt 3 €
Die sehr spannende museale Präsentation in der vor Kurzem restaurierten Zülfaris Synagoge (von 1671) dokumentiert die fast 500-jährige Geschichte der (sephardischen) Juden in der Türkei, die nach Jahrzehnten der Verfolgung in

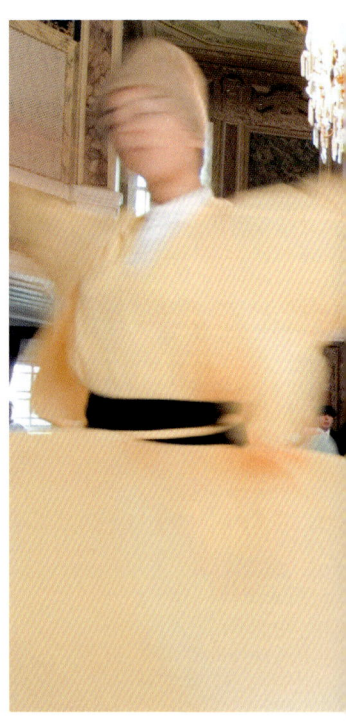

Westeuropa ab dem 16. Jh. am Bosporus eine neue, tolerante Heimat fanden.

Pera Müzesi (Pera Museum)

▶ Karte 2, H 3

Tepebaşı, Beyoğlu, Meşrutiyet Caddesi 65, Nost. Tram: Odakule, Tel. 0212 334 99 00, www.peramuzesi.org.tr, Di–Sa 10–19, So 12–18 Uhr, Eintritt 5 €

Die Suna and Inan Kıraç Foundation hat am nordwestlichen Rand Beyoğlus ein eigenes Gebäude bezogen. Das frühere Bristol-Hotel, ein historischer Bau von 1893, wurde in ein multifunktionales Museum auf mehreren Etagen umgewandelt. Neben einer Spezialsammlung antiker Maße und Gewichte werden Meisterwerke der osmanischen Keramikproduktion aus Kütahya gezeigt. Höhepunkt ist aber sicher die Sammlung der Malerei des Orientalismus vom 18. bis zum 20. Jh., darunter Herrscherporträts vom Hof des Sultans und Gemälde von Osman Hamdi Bey.

Rahmi M. Koç Müzesi ▶ E 1

Sütlüce, Hasköy Caddesi 5, Bus: Kırmızı Minare, Tel. 0212 369 66 00, www.rmk-museum.org.tr, Di–Fr 10–17, Sa, So 10–18, April–Sept. 10–20 Uhr, Eintritt 4,50 €, U-Boot (ab 8 Jahre) 2,50 €

Wenn die öffentliche Hand weder Geld noch Interesse an der Geschichte hat, müssen die Großindustriellen einspringen. Der Unternehmer Rahmi M. Koç

Tanzende Derwische im Mevlevihane von Galata

Eroberung in 360° – Das Panorama von 1453 und die Neo-Osmanisierung

Dumpfer Kanonendonner, nervenaufreibende Janitscharenmusik, martialische Angriffsbefehle und röchelnde Todesschreie – es ist ein wahrhaft biblisches ›Heulen und Zähneklappern‹, das als akustischer Rundumschlag auf den Betrachter niederprasselt und ihn unmittelbar in das Geschehen auf der 360°-Leinwand hineinzieht. Das von der Stadtverwaltung Istanbul am Topkapı initiierte Panorama 1453 Tarih Müzesi lässt die entscheidende Schlacht zwischen Byzantinern und Osmanen am 29. Mai 1453 in aller illusionistischen Farbenpracht wieder auferstehen. Im Vordergrund die mutig voranstürmenden Truppen Mehmets II. Fatih und hinter der z. T. schon arg ramponierten Landmauer die sich zäh verteidigenden Byzantiner. Es ist ein aussichtsloser Kampf für den letzten Kaiser Konstantin XI. Paläologos und seine Getreuen … Nach dreitägiger Plünderung wird der siegreiche Sultan zu Pferd in die Hagia Sophia einziehen. Ohne Zweifel, man ist hier stolz auf diese Eroberung, die in einer eigentlich anachronistischen Form eines Riesenrundgemäldes aus dem 19. Jh. präsentiert wird. Auf der Plattform, von der aus alle Details gut sichtbar sind, jede Menge türkische Familien, verliebte Pärchen, eine Schulklasse und Soldaten auf Bildungsurlaub – Touristen sind bislang noch kaum da.

Diese neue Begeisterung für das osmanische Erbe geht einher mit einer Neuorientierung in der türkischen Außenpolitik. So gibt es nicht wenige Beobachter, die in den letzten Jahren eine restaurative Tendenz ausgemacht haben, für die der Begriff ›Neo-Osmanismus‹ geprägt wurde: statt sich ständig auf die schwierigen EU-Beitrittsverhandlungen zu konzentrieren, versucht man, die einstige hegemoniale Rolle der Türkei im Mittleren Osten neu zu justieren. Ganz so wie es Außenminister Ahmet Davutoğlu bereits im Verhältnis zum Irak definiert hat: »Unsere Zusammenarbeit wird Basra mit Edirne verbinden. Die Schicksale von Bagdad und Istanbul werden zusammengefügt. Wenn der türkisch-irakische Prozess sich ausdehnt, wird der Mittlere Osten nicht länger in Krisen und Konflikten versinken, sondern sich in einen gemeinsamen Wirtschaftsraum verwandeln, mit einem politischen Dialog und einem gemeinsamen Sicherheitsmechanismus. Ein Raum, der diese große Zivilisation wiederbeleben kann …«

Panorama 1453 Tarih Müzesi: ▶ A 5, Topkapı Kültür Parkı, Merkez Efendi Mahallesi, Tramvay M1: Topkapı, Tel. 0212 415 1453, www.panoramikmuze.com, tgl. 8–18 Uhr, Eintritt 3,50 €.

hat der Stadt eines der schönsten und interessantesten Museen geschenkt. Mittels Dampfmaschinen, Modellen von Dampfeisenbahnen, diversem technischem Gerät sowie vielen Objekten der Seefahrt wird die Technik- und Industriegeschichte erlebbar gemacht. Besonders für Kinder spannend! Angeschlossen ist das hauseigene Restaurant Café du Levant (s. S. 92).

Türk ve İslam Eserleri Müzesi (Museum für Türkische und Islamische Kunst) ▶ Karte 3,H 7
Sultanahmet, Atmeydanı 46, Tramvay T1: Sultanahmet, Tel. 0212 518 18 05,

www.tiem.gov.tr, tgl. außer Mo 9–17, im Sommer 9–19 Uhr, Eintritt 3,50 €
Der Palast wurde 1524 für Großwesir Ibrahim Paşa renoviert. 1938 hielt hier das Museum für Türkische und Islamische Kunst Einzug, eine Sammlung von Weltgeltung. Gezeigt werden insbesondere Teppiche, Kilims, Kalligraphien, Holz- und Steinskulpturen.

Türk Vakıf Hat Sanatları Müzesi (Kalligraphie-Museum)
▶ G 6

Beyazıt, Beyazıt Meydanı, Tramvay T1: Beyazıt, Tel. 0212 527 58 51, Mo–Fr 9–16 Uhr, Eintritt 2,50 € (wegen Umbaus geschl., Wiedereröffnung bei Redaktionsschluss unbekannt)
Da es strenggläubigen Muslimen verboten ist, Menschen abzubilden, hat sich als künstlerische Alternative die Kunstform der Kalligraphie, des Schreibens der arabischen Schrift und die grafische Darstellung von Gegenständen und Symbolen mithilfe dieser Schrift, herausgebildet. Im Museum sind beeindruckende Arbeiten zu bewundern: Besonders schön sind die kunstvollen Siegelzeichen der Sultane *(tuğra)* und die Ebru-Arbeiten (Fließtechnik auf Papier). Das Museum ist in einer ehemaligen Medrese (Koranschule) der Beyazıt-Moschee untergebracht.

Vakıflar Halı ve Kilim Müzesi (Teppichmuseum) ▶ H/J 7

Sultanahmet, im Komplex der Blauen Moschee, Tramvay T1: Sultanahmet, Tel. 0212 518 13 30, Di–Sa 9–12, 13–16 Uhr, Eintritt 2,50 € (wegen Umbaus geschl., Wiedereröffnung bei Redaktionsschluss unbekannt)
Ausgestellt sind selten schöne Beispiele der Knüpfkunst der Turkvölker. Die Herstellung der Teppiche und die Symbolik der Darstellungen werden erläutert.

Bäder

Çemberlitaş Hamamı (Türkisches Bad) ▶ Karte 3, H 7

Vezirhan Caddesi 8, Tramvay: T1 Çemberlitaş, Tel. 0212 522 79 74, www.cemberlitashamami.com.tr, tgl. 6–24 Uhr, Eintritt ca. 20 €, mit Massage 31 €
Bereits Griechen und Römer wussten um die heilsame Wirkung von heißer Luft, kaltem Wasser und kräftiger Massage. Schon kurz nach der Einnahme Konstantinopels entstanden die ersten Hamams. Das schönste türkische Bad, das Çemberlitaş Hamamı, liegt beim Großen Basar. Die von Sinan im 16. Jh. konzipierte Anlage verfügt über ein Frauen- und ein Männerbad. Zentraler Bereich jedes Trakts ist ein überkuppelter Raum, in dessen Mitte sich der *göbektaşı* befindet, ein Liegeplatz aus heißen Marmorplatten. In den Nischen befinden sich Waschbecken, aus denen Wasser zur Kühlung des aufgeheizten Körpers entnommen wird. Die Massagen sind rabiat, aber wirksam. Bei hoher Auslastung des Bades kann es vorkommen, dass eine Massage nur kurz ausfällt. Übrigens: Das ausgehändigte Badetuch dient nicht zum Abtrocknen, sondern zum Verhüllen!

Cağaloğlu Hamamı
▶ Karte 3, H 6

Cağaloğlu, Prof. K. İsmail Gürkan Caddesi 34, Tramvay T1: Sultanahmet, Tel. 0212 522 24 24, www.cagaloglu hamami.com.tr, tgl. 8–22 Uhr, Eintritt 30 € mit Massage 35 €
Das unweit der Hagia Sophia gelegene historische Vorzeige-Badehaus aus dem 18. Jh. verfügt über die übliche historische Geschlechtertrennung. In der angeschlossenen Marble Cafe Bar kann man sich nach dem Besuch des Hamams eine kleine Erfrischung gönnen.

Ausflüge

Der Belgrader Wald und Kilyos ▶ Karte 6, C 1

Um nach **Kilyos** zu gelangen, durchquert man den Belgrader Wald. Seinen Namen Belgrat Ormanı erhielt das Waldstück anlässlich der Ansiedlung von Serben nach der Eroberung Belgrads durch Süleyman den Prächtigen. Ihre Aufgabe war es, die Wasserspeicher in dem quellenreichen Gebiet instand zu halten. Nach 1554 entwarf Sinan ein umfangreiches Damm- und Wasserleitungssystem, über das Istanbul ausreichend mit dem sonst knappen Gut Wasser versorgt werden konnte. Bis heute haben sich Teile der beeindruckenden Aquädukte erhalten. Das größte zusammenhängende Waldstück Thrakiens ist ein beliebter Naherholungsort für die Istanbuler Bevölkerung.

Das Dorf **Kilyos** liegt in unmittelbarer Nähe der Bosporus-Mündung ins Schwarze Meer. Sein griechisch klingender Name ist auf neueren Karten durch eine türkische Bezeichnung ersetzt worden: Kumköy, ›Sanddorf‹. Hier befindet sich die größte ›Badeanstalt‹ Istanbuls: Kilometerweit ziehen sich Sandstrände – teilweise mit lauter Beschallung – hin bis **Gümüşdere** (›Silberfluss‹), dem nächsten Ort im Westen, und Fischlokale laden zum Verweilen ein. Zwar schwemmt die Strömung im südlichen Schwarzen Meer Ölklumpen und Abfall an; vor Beginn der Badesaison sammeln Strandwärter alles ein.

Deutlich gewarnt sei vor wagemutigen Schwimmausflügen weit ins Meer hinaus: gefährliche Strömungsverhältnisse erschweren eine Rückkehr an den Strand. Sie kosten jährlich etliche Badegäste das Leben! Das Wasser ist warm und glasklar, aber man bleibe in dem Bereich, wo einem das Wasser nur bis zum Bauch reicht!
Anfahrt: Ab Tarabya mit dem Auto durch den Belgrader Wald (ca. 1 Std.).

Polonezköy ▶ Karte 6, D 2

Auf halbem Weg zwischen Üsküdar und der Küste des Schwarzen Meers, also auf anatolischem Boden, liegt ein merkwürdiges Dorf: Polonezköy heißt es, ›Polendorf‹. Nach dem Krimkrieg in den 1850er-Jahren beschlossen einige Soldaten, nicht wieder heimzukehren, sondern sich dort anzusiedeln. Polonezköy ist ein kurioser Fremdkörper von bezaubernder Schönheit. Alles ist untypisch: Die Dachformen, das Fachwerk, die Zäune. Kirschbäume stehen im Garten, Johannisbeersträucher, Apfel- und Walnussbäume.

Heute ist Polonezköy ein beliebtes Ausflugsziel. Die Istanbuler erholen sich dort am Wochenende. Die Einheimischen – sie tragen nach wie vor polnische Namen und pflegen ihre slawische Sprache – belieferten die Ausländer in Istanbul mit Schweinefleisch – bis die Borstentiere, über deren Duft die Ausflügler klagten, weichen mussten.

Internet: www.polonezkoy.com
Anfahrt: Kein ÖPNV, ab Beykoz oder Kavacık mit dem Taxi zu erreichen.

Yedikule ▶ Karte 4

408 begann Kaiser Theodosius II. damit, das Stadtgebiet Konstantinopels mit dem Bau eines gewaltigen Bollwerks aus Land- und Seemauern mehr als zu verdoppeln. Der Aufwand, der im 5. Jh. für den Bau der Befestigung betrieben wurde, war die Mühe wert. Mehr als 1000 Jahre lang hielten die Mauern den Angriffen aller feindlichen Armeen, ob Goten, Araber oder Bulgaren, stand. Erst 1453 gelang es Sultan Mehmet II. Fatih (dem ›Eroberer‹), die lange von der Versorgung abgeschnittene und dadurch stark geschwächte Stadt einzunehmen.

Bis ins 18. Jh. hinein wurde das gewaltige Befestigungssystem immer wieder erneuert. Nicht zuletzt durch Erdbeben war es häufig in Mitleidenschaft gezogen worden. Während von den Seemauern nicht mehr viel übrig geblieben ist, hat die **Landmauer** auch fast 1600 Jahre nach ihrer Errichtung nichts von ihrer monumentalen Wirkung eingebüßt.

Die Festungsanlage besteht aus einer Hauptmauer, einer Vormauer und aus einem 7 m tiefen Wassergraben. Die Wände der bis auf den Fels getieften Hauptmauer sind 4,80 m dick und 11 m hoch. Den oberen Abschluss bildet ein Wehrgang hinter Zinnen. 96 wuchtige Türme verstärkten das Festungssystem. Die meisten Angreifer scheiterten seinerzeit jedoch schon an der 8 m hohen Vormauer mit vorgelagertem Graben. Der Ausflug führt zu dem Punkt der Anlage, an dem Land- und Seemauer am Mermer Kule (›Marmorturm‹) zusammentreffen.

In unmittelbarer Nähe des Turms liegt die Festung **Yedikule** (›Sieben-Türme‹), die Sultan Mehmet II. Fatih nach der Eroberung Konstantinopels ab 1457 vor dem ›Goldenen Tor‹ errichten ließ. Diese ›Porta Aurea‹ war zuvor das Haupttor Konstantinopels. Von hier führte die Triumphstraße direkt ins Zentrum. Die Festungsanlage Yedikule diente zunächst als Schatzhaus, später als Kerker und Hinrichtungsstätte für die Feinde des Staates.

Etwa 500 m stadteinwärts liegen die Reste des ehemaligen **Studios-Klosters** (İmrahor Anıtı, früher auch İmrahor Camii), einer der ältesten erhaltenen byzantinischen Anlagen in Istanbul. Hier wurden Reliquien Johannes des Täufers verehrt. Bei einem Besuch beeindruckt die reiche Bauplastik der Vorhalle, die der einst dreischiffigen Emporenbasilika vorgelagert war. Ist die Studios-Kirche auch nur noch eine pittoreske Ruine, so faszinieren doch noch immer die kostbaren, vielfarbigen Reste eines Marmorfußbodens aus dem 11. Jh.

Anfahrt: Ab Eminönü mit Bus oder Taxi (Fahrtzeit ca. 20 Min.). Wesentlich schneller geht es mit der Marmaray von Sirkeci nach Kazlıçeşme, von dort 10 Min. Fußweg.

Für eine Rast: Und wenn der Hunger kommt? Und der Durst plagt schon die ganze Zeit? Dann lässt sich unterwegs z. B. gut ein Zwischenstopp in **Kumkapı** einlegen. Am Kumkapı Meydanı konzentrieren sich zahlreiche, oft überteuerte Fischlokale, am empfehlenswertesten ist das Kumkapı Fener Fish Restaurant (Telliodalar Sok. 5).

Für Fleischliebhaber liegt der ›Kebap-Gott‹ Develi (Samatya, Gümüşyüzük Sokak 7) oder das Meyhane Kuleli (Samatya, Büyük Kuleli Sokak 40) mit großer Auswahl an Mezel und Grillgerichten (auch Alkoholausschank) nicht weit.

Zu Gast in Istanbul

Wer die Nacht zum Tag machen will, hat am Bosporus die Qual der Wahl. Nach einer Shopping-Tour über die İstiklal Caddesi zunächst ein türkisches Meze-Lokal oder ein feiner Fisch in hippem Ambiente? Dann zur Vernissage mit junger Kunst oder ins Hollywood-Kino? Die polyglotte Nacht endet fast immer in einem der Clubs in Beyoğlu – eine atemberaubende Kulisse gibt es häufig inklusive.

Übernachten

Wie man sich bettet…

Vom einfachen Hotel für den schmalen Geldbeutel bis zum luxuriösen 2500-Euro-Bett reicht die Palette von Unterkünften in dieser Stadt. Istanbul hat in den 1990er-Jahren rasend schnell eine Hotelinfrastruktur aufgebaut, die internationalem Standard entspricht.

Sofern man mit einem vorher gebuchten Pauschalpaket reist, spielt der offizielle Hotelpreis nur eine statistische Rolle: Fluggesellschaften und Hoteliervereinigung unterstützen sich gegenseitig, so dass ein Kurztrip für drei Tage in der Nebensaison durchaus schon für sehr wenig Geld zu haben ist. Insgesamt hat das Preisniveau in den letzten Jahren aber kräftig angezogen.

Stadtviertel

Das historisch gewachsene Zentrum (Aksaray, Sultanahmet, Eminönü) bietet Hotels aller Preisklassen in unmittelbarer Nähe zu den wichtigsten Sehenswürdigkeiten. In den Seitenstraßen der Ordu Caddesi (Aksaray) liegen zahlreiche preiswerte Hotels, die von Pauschaltouristen belegt werden. Leider hat sich die Gegend in den letzten Jahren zum Tummelplatz von zwielichtigen Gestalten entwickelt und kann daher nicht bedenkenlos empfohlen werden.

In Beyoğlu auf der anderen Seite des Goldenen Horns konzentrieren sich Mittelklasse- und Kongresshotels in der Nähe des Taksim-Platzes. Die großen Hotels in den neueren Stadtteilen wie Etiler oder Levent scheinen abgelegen, mit der Metro ist man aber im Nu im Zentrum.

Historische Hotels & Apartments

Neuere Hotels und Pensionen, teilweise mit historischer Bausubstanz, liegen zwischen Hagia Sophia und Sultan Ahmet-Moschee in Richtung Marmarameer. Zum Teil finden sich hier echte Perlen, wunderbare kleinere und mittelgroße Häuser, deren Inhaber großen Wert auf ein besonderes Ambiente und hohe Behaglichkeit legen. In diesem Viertel bietet man dem Gast eine Dachterrasse, von der aus er schon beim Frühstück seinen Blick über das Marmarameer schweifen lassen kann. In den letzten Jahren wurden auch immer mehr Wohnungen in historischen Häusern in Apartments umgewandelt. Dort ist man zwar Selbstversorger, häufig werden aber auch Frühstück oder kleinere Mahlzeiten angeboten.

Hotels buchen

Bei den Preisen, die an den Rezeptionen der Hotels ausgehängt sind, handelt es sich um die Standardsätze für eine Übernachtung. Sie liegen oft weit über dem Preis, den man bei einem Reiseveranstalter zahlen müsste. Wer nicht pauschal reisen möchte und dennoch sparen will, sollte vor der Reise die Websites der Hotels oder Buchungsportale besuchen. Hier findet man häufig Onlinerabatte oder Sonderangebote.

Günstig und nett

Günstiger Klassiker – **Aşkin Hotel:** ■
Karte 3, J 7, Sultanahmet, Dalbastı Sokak 16, Tel. 0212 638 86 74, www.askin
hotel.com, Tramvay T1: Sultanahmet, DZ
40–110 €, im Winter bis 75 €. Das Aşkin
Hotel bietet ordentliche Zimmer zu moderaten Preisen. Auch hier wurde das
Dach des Hauses zu einer Frühstücksterrasse umfunktioniert und erlaubt daher einen großartigen Blick auf die Minarette der Blauen Moschee.

Einfach, aber preiswert – **Azze:** ■
Karte 2, H 3, Beyoğlu, Evliya Çelebi
Mah., Kıblelizade Sok. 6, Tel. 0212 293
03 01, www.azzehotel.com, Metro M2:
Şişhane, DZ ab 45 €. Das freundlich geführte, preiswerte Haus liegt verkehrsgünstig an der Metro und ruhig, aber
nah am nächtlichen Treiben der İstiklal.

Bewohnte Geschichte – **Büyük Londra Hoteli:** ■ **Karte 2, H 2,** Tepebaşı,
Meşrutiyet Caddesi 53, Tel. 0212 245
06 70, www.londrahotel.net, Metro
M2: Şişhane, Tünel, Nost. Tram: Odakule, DZ 60–165 €. In der Zeit vor Atatürk
hieß es Grand Hotel de Londres, und es
atmet noch heute den Geist jener Zeit.
Liebevoll gepflegt, die Dielen knarren
sympathisch, die Einrichtung ist herrlich
altmodisch. Noble Bedienung, angemessener Preis.

Stilvoll wohnen

In der Altstadt – **Armada Hotel:** ■
Karte 3, J 7, Sultanahmet, Ahırkapı
Sokak 24, Tel. 0212 455 44 55 www.
armadahotel.com.tr, Tramvay: Sultanahmet, DZ 120 €. Mit 110 Zimmern
kein kleines Hotel, dennoch fühlt man
sich hier – dank des exzellent geschulten Personals – nicht wie einer von vielen Gästen. Die teilweise holzvertäfelten Zimmer sind sehr hübsch eingerichtet, und im Restaurant auf der Dachterrasse kann man abends noch hervorragend dinieren.

Historische Häuser – **Armada Pera:**
■ **Karte 2, H 2,** Beyoğlu, Hamalbaşı
Cad. 28, Tel. 0212 293 73 73, www.
armadapera.com, Nost. Tram: Galatasaray, DZ 165 €. Dieses Jugendstilhaus ist
die ehemalige Residenz des levantinischen Schneiders Parma. Von den Eigentümern des Armada Hotels in Sultanahmet liebevoll restauriert und möbliert, bietet das 2013 eröffnete Hotel
von der Dachterrasse einen Panoramablick auf die historische Halbinsel, die
Istiklal liegt nur wenige Meter entfernt.

Mit Sauna – **Azade Hotel:** ■ **Karte 3, J 7,** Sultanahmet, Mimar Mehmet
Aga Cad., Amiral Tafdil Sok. 21, Tel.
0212 517 71 73, www.azadehotel.
com. Ruhig gelegenes Haus etwas weiter von der Sultan-Ahmet-Moschee entfernt. Zimmer mit Laminatboden und
türkischen Teppichen. Etwas weiter in
Nr. 31 gibt es auch noch Azade Suites
mit poppig-bunten Apartments (www.
azadesuites.com). Hotel DZ 75–110 €,
Suiten ab 160 €.

Das teuerste Gefängnis der Stadt –
Four Seasons Hotel: ■ **Karte 3, J 7,**
Sultanahmet, Tevkifhane Sokak 1, Tel.
0212 402 30 00, www.fourseasons.
com/de/istanbul, DZ ab 420 €. Das
›Four Seasons Hotel‹ war früher ein Gefängnis. Doch keine Angst, man wohnt
nicht in Zellen, sondern in luxuriös ausgestatteten Zimmern. Der neoklassizistische Gebäudekomplex bietet eine gelungene Synthese aus osmanischem
Flair und moderner Dienstleistung, unbedingt empfehlenswert ist der Sonntagsbrunch im Innenhof.

Übernachten

Nostalgiehotel – **Galata Antique Hotel:** ■ **Karte 2, H 3,** Tünel, Meşrutiyet Caddesi 119, Tel. 0212 245 59 44, www.galataantiquehotel.com, Metro M2: Şişhane, EZ 90 €, DZ 120 €. Ein traditionsreiches, kürzlich restauriertes Haus, das 1881 von Alexandre Vallaury, einem der großen europäischen Architekten des 19. Jh. in Istanbul, entworfen wurde. Unterhalb des Galata-Turms gelegen, ist es eine ideale Basis für Streifzüge durch das alte Pera. Die 27 Zimmer wurden meist liebevoll im Stil der ›guten alten Zeit‹ eingerichtet, auch wenn der Wille zum Dekor bisweilen etwas aufdringlich wirkt.

Istanbul pur – **Hotel Empress Zoë:** ■ **Karte 3, J 7,** Sultanahmet, Akbıyık Caddesi 10, Tel. 0212 518 25 04, www.emzoe.com, Tramvay T1: Sultanahmet, EZ 90 €, DZ ab 140 €, Budget Rooms ab 60 €. Das Empress Zoë ist ein zentral gelegenes Hotel mit 20 Zimmern. Inhaberin ist eine Amerikanerin. Die Räumlichkeiten sind individuell gestaltet. Malereien, Dielenböden und Kilims bestimmen das Ambiente. Wer es geräumiger möchte, kann sich in eine der schönen Suiten einquartieren (ab 170 €). Das Frühstück wird im idyllischen Garten serviert.

West-östlicher Charme – **İbrahim Paşa Hotel:** ■ **Karte 3, H 7,** Sultanahmet, Terzihane Sok. 5, Tel. 0212 518 03 94, www.ibrahimpasha.com. Exzellent geführtes Hotel gleich hinter dem gleichnamigen Palast, helle, elegante Zimmer (die Standard Rooms aber teils etwas klein). Von der Dachterrasse atemberaubender Blick über den Obelisken auf die Sultan-Ahmet-Moschee. DZ 165–200 €.

Wie zu Hause – **Manzara Apartments:** ■ **H 4,** Beyoğlu, Serdar-ı Ekrem Sok. 14, Tel. 0212 252 46 60, www.manzara-istanbul.com, Tramvay T1: Karaköy, Tünel, 55–210 € plus Endreinigung (2–6 Personen). Wer mitten in Beyoğlu nicht auf Häuslichkeit und private Atmosphäre verzichten möchte, sollte hier einchecken. Über mehrere historische Häuser verteilt, entpuppt sich das Manzara als idealer Standort für Streifzüge durch das Gewirr der Gassen Peras. Großzügige Apartments mit Küchenzeile für Selbstversorger und angenehm unaufdringliche Designausstattung, die meisten Wohnungen verfügen über Terrasse oder Balkon und bieten eine grandiose Aussicht (Manzara) auf die Silhouette der Altstadt.

Zentral gelegen – **Neorion Hotel:** ■ **Karte 3, H 6,** Sirkeci, Orhaniye Cad. 14, Tel. 0212 527 90 90, www.neorionhotel.com, Tramvay T1: Sirkeci, DZ ab 175 €. Das nach dem alten Hafen im Goldenen Horn benannte Haus besticht durch seine Lage in der Nähe von Hagia Sophia und Topkapı Sarayı. Neben elegant osmanisch angehauchten Zimmern verfügt das Neorion über Hamam und Spa sowie Dachterrasse mit Bosporusblick. Dort sind am Nachmittag Meze, warme Gerichte und Kuchen im Zimmerpreis inbegriffen, wie auch der Transfer vom Flughafen bei Direktbuchung über die Hotel-Website.

Wo schon Greta Garbo logierte – **Pera Palas:** ■ **Karte 2, H 3,** Tepebaşı, Meşrutiyet Caddesi 52, Tel. 0212 222 80 90, www.jumeirah.com, Metro M2: Şişhane, DZ ab 185 €. Schon die Gäste des Orient-Expresses stiegen in diesem 1891 eröffneten Haus ab, das der französische Architekt Alexandre Vallaury entworfen hatte. Zu den Gästen zählte auch Agatha Christie, die hier zwischen 1926 und 1932 den Kriminalroman »Mord im Orient-Express« schrieb. Nostalgie und lebendige Vergangenheit sind die Trümpfe dieses Nobelhotels, das 2010 aufwendig restauriert wurde.

Klassische Eleganz – **Uyan Hotel:** ■ **Karte 3, J 7,** Sultanahmet, Utangaç Sok. 25, Tel. 0212 518 92 55, www.uyanhotel.com, DZ ab 100 €, im Winter 75 €. Ein steinernes Jugendstilhaus direkt unterhalb des Haseki Hürrem Hamamı, jüngst stilvoll renoviert. Die Zimmer eingerichtet im Stil klassischer Eleganz, das Frühstück gibt es auf der Dachterrasse mit Blick zur Hagia Sophia.

Nahe am Nachtleben – **Vardar Palace Hotel:** ■ **Karte 2, J 2,** Taksim, Sıraselviler Caddesi 16, Tel. 0212 252 28 88, www.vardarhotel.com, Metro M2: Taksim, EZ ab 72 €, DZ ab 85 €. Das Hotel wurde um 1900 erbaut und 1990

komplett restauriert. Die 40 Zimmer bieten alles, was man von einem Hotel dieser Preisklasse erwarten darf, was in Istanbul nicht immer selbstverständlich ist. Von der Dachterrasse aus kann man im Sommer den Ausblick auf Pera und den Bosporus genießen.

Gepflegte Sachlichkeit – **Villa Zurich:** ■ **Karte 2, J 3,** Cihangir, Akarsu Yokuşu Caddesi 36, Tel. 0212 293 06 04, www.hotelvillazurich.com, Metro: Taksim, EZ 100 €, DZ 120 €. Cihangir ist Künstlerviertel mit Kneipen und Cafés, daher ist es abends oft laut. Wen das nicht stört und wer die Nähe der Vergnügungsviertel rund um den Taksim-Platz sucht, ist hier gut aufgehoben. 46 Zimmer, zwei gute Restaurants, in der Nähe viele Döner-Läden. Preisnachlass bei Onlinebuchung.

Luxushotel im Çırağan-Palast der osmanischen Sultane

Essen und Trinken

Türkische Gaumenfreuden

In der klassischen türkischen (d. h. osmanischen) Kochkunst kommen viele Geschmacksvorlieben aus dem ehemaligen Vielvölkerstaat zusammen und formen eine äußerst aromatische und meist unverfälschte Küche, die viel Wert auf den Eigengeschmack der Zutaten legt. Neben mehr oder minder scharf gewürzten **Fleischgerichten** aus Lamm, Rind und Huhn, die im Ofen oder auf dem Grill zubereitet werden, oft auch am Spieß *(şiş)*, wird in Istanbul alles an **Fisch und Meeresfrüchten** serviert, was Mittelmeer und Schwarzes Meer hergeben, und das ist überwältigend: Tintenfisch, Schwertfisch, Scholle, Barsch, Hecht, Krebse, Sardinen etc.

Wichtigster Bestandteil einer türkischen Mahlzeit sind jedoch die *mezeler* **(Vorspeisen),** die in einer riesigen Auswahl dem Gast zumeist mit *ekmek* (Brot) angeboten werden. Die Hauptspeisen fallen meist nicht so üppig aus, so dass man den Vorspeisen ungestraft zusprechen kann. Pasten aus Knoblauch und Auberginenmus, würzig-scharfe Tomatenpürees, eingelegte Fische, Weinblätter, warmes *börek* – der kulinarischen Fantasie sind kaum Grenzen gesetzt. Spezialitätenrestaurants mit regionaler Küche bieten hier oft überraschende Gaumenfreuden.

Der **Nachtisch** besteht im Sommer häufig aus frischen Früchten. Gern isst man auch Teig-Süßspeisen mit Nüssen, Pistazien und viel Sirup.

Es muss nicht immer Kaviar sein

Bei einem Besuch in Istanbul sollte man es sich nicht entgehen lassen, eine *lokanta* (einfache Garküche), einen *pide salonu* (einen Imbiss, der mit Käse oder Fleisch gefüllte Brote anbietet) oder einen *köfteci* (einen Hackfleischbrater) auszuprobieren, um die Vielfalt der türkischen Küche bereits hier zu kosten, bevor man teure Restaurants aufsucht. Lange geschmorte Ofengerichte mit Gemüse, Fleisch oder einfache Döner-Taschen mit Salat und Zwiebeln können zwischendurch oder nach einem anstrengenden Besichtigungstag sehr gut schmecken.

Alkoholisches

Türkischer Weiß- oder Rotwein ist zumeist trocken und ein guter Begleiter zum Essen. Heute beginnt man auch **Qualitätsweine** bestimmter Lagen anzubauen. Überall im Bereich des Mittelmeers trinkt man mit Anis aromatisierte **Schnäpse,** die mit Wasser verdünnt werden. In der Türkei ist das hochprozentige Getränk als *rakı* bekannt. Efes heißt das türkische **Bier** (Pils), das vor Jahren von deutschen Hopfenexperten entwickelt wurde. Man sollte aber bedenken, dass nicht in allen Lokalen Alkohol ausgeschenkt wird, und wenn, dann ist er aufgrund der hohen Steuer teuer.

Die Nationalgetränke

Neben dem heißen *çay* **(Tee)** – er wird

aus einem starken Aufguss zubereitet und anschließend verdünnt –, ist *kahve* **(Mokka)** der viel besungene ›Türken- trank‹. Er ist allerdings etwas gewöh- nungsbedürftig, da er mit dem Kaffee- satz serviert wird. Wenn man nicht rechtzeitig absetzt, knirscht es mächtig zwischen den Zähnen! Man kann ihn *şekerli* (süß), *orta* (mittelsüß), *az şekerli* (schwach gesüßt) oder *sade* (ungezu- ckert) beim Kellner bestellen.

Öffnungszeiten und Preise

In der Regel sind die Restaurants in Istanbul von 9 bis 24 Uhr geöffnet, Im- bissbuden und kleine *lokanta* den gan- zen Tag über bis tief in die Nacht. Ru- hetage kennt man nicht, die Ausnah- men sind vermerkt.

Die **Preise** in Istanbul sind noch im- mer moderat. Während sie in kleinen Lokalen oft nicht der Rede wert sind, kann man in Mittelklasse-Restaurants ein Abendessen (Vorspeisenteller, Hauptgericht, Dessert) für 15–20 € be- kommen. Frischer Fisch hat natürlich überall seinen Preis, hier sollte man vorher verhandeln, um später keine bö- se Überraschung zu erleben. Ver- gleichsweise teuer (Menüpreise von 45 bis 75 € und höher) sind die Speziali- tätenrestaurants, die zu den großen Hotels gehören. Die *maîtres de cuisine* bieten neben gehobener türkischer Kü- che auch kulinarische Gaumenfreuden aus aller Welt. Wie gut, dass fast über- all die gängigen Kreditkarten (Visa, Mastercard) akzeptiert werden. Na, dann: Afiyet olsun! (Guten Appetit).

Restaurantmeilen

Im Viertel Kumkapı und in den Straßen Nevizade Sokak sowie İstiklal Caddesi konzentriert sich das kulinarische Ange- bot der Stadt besonders.

Cafés

Künstlers Café – **Ara Kafe: ■ Karte 2, H/J 2,** Galatasaray, İstiklal Cadde- si/Tosbağa Sokak 8/A, Tel. 0212 245 41 05, www.kafeara.com, Tram: Galatasa- ray, Mo–Do 7.30–24, Fr 7.30–1, Sa 10.30–1, So 10–24 Uhr. Inhaber des Gebäudes ist der international bekann- te Fotograf Ara Güler, dessen einzigarti- ge Fotografien hier auch ausgestellt sind. Neben Getränken bekommt man auch eine Auswahl an warmen Speisen und Salaten.

Café mit Weitsicht – **Galata Konak Café: ■ H 4,** Kuledibi, Hacı Ali Sok. 2, Tel. 0212 252 53 46, www.galatakonak cafe.com, tgl. 9–23 Uhr. Um zwei Ecken gleich unterhalb des Galata-Turms liegt dieses Café in einem alten jüdischen Wohnhaus. Zu unschlagbarem Panora- mablick von der Terrasse kann man hier Kaffee und Kuchen, aber auch warme Speisen zu sich nehmen.

Feine Patisserie – **Gezi Taksim: ■ Karte 2, K 2,** Taksim, İnönü Cad. 5, Tel. 292 53 53, www.geziistanbul.com, Mo–Fr 7.30–24, Sa, So bis 1 Uhr. Gleich neben dem Atatürk Kulturzentrum eine moderne Konditorei, die durch Qualität überzeugt: Pralinen und Torten vom Feinsten, reiche Kaffeeauswahl, aber auch Frühstück, Cocktails, Crêpes, Kräu- tertees …

Dänemark am Bosporus – **The House Café: ■ Karte 2, H 3,** Beyoğlu-Tünel, Asmalı Mescit Nr. 9/1–2, Tel. 0212 245 95 15, www.thehousecafe.com, Tramvay: Karaköy, Tünel, Mo–Do 9–23, Fr, Sa 9–23.30, So 9–22.30 Uhr. Wer gerne an organisch inspirierten Retro- Tischen im Stil der 1950er-Jahre der tür- kischen Design-Cracks »Autoban« (s. S. 102) seinen Milchkaffee trinkt, wird sich hier sofort zu Hause fühlen. Die fantasievollen Sandwiches und Pasta-Gerichte bescheren einen entspannten Business-Lunch. Weitere Filialen des House Café finden sich in auf der İstiklal Caddesi, Teşvikiye sowie in Ortaköy und Levent.

Fisch

Geheimtipp in Beyoğlu – **Askoroz:** ■ **Karte 2, J 2,** Beyoğlu, Süslü Saksı Sok. 15, Tel. 0212 249 28 93, tgl. 9–24 Uhr, Fisch ab 3,50 €. Bei Einheimischen beliebter, unschlagbar günstiger und guter Fischbrater. Serviert wird fangfrischer Fisch mit Salat. Für das hausgemachte Dessert sollte unbedingt Platz bleiben.

Einen Ausflug wert – **Set Balık:** ■ **Karte 6, C 1,** Tarabya, Kireçburnu Mah., Haydar Aliyev Cad. 18, Tel. 0212 262 04 11, www.setbaliklokantasi.com, tgl. 12–24 Uhr, ca. 25 €. An diesem schönen Ausflugsort am nördlichen Bosporus (dort sind die Sommerresidenzen vieler Botschaften) gibt es so viele Fischrestaurants wie Fische, aber das Set Balık ist eines der besten. Die Vorspeisen sind reichlich und frisch, die Seeteufel- und Oktopusgerichte in der ganzen Stadt berühmt. Der kühle Wind des Bosporus' streicht vorbei, das Schwarze Meer ist in Sicht. Am Wochenende sollte man reservieren!

Gourmet-Lokale

Kebab-Hochamt – **Beyti:** ■ **Karte 6, B 3,** Florya, Orman Sokak 8, Tel. 0212 663 29 92, Di–So 12–24 Uhr, ab 25 €. Fleisch, Fleisch, Fleisch: vom Grill, in hervorragender Qualität von Tieren aus eigener Zucht – allerdings nicht

ganz billig. Leider liegt das Lokal weit außerhalb in der Nähe des Atatürk-Flughafens. Kulturell Interessierte können die Gaumenfreuden mit einem Ausflug zum Atatürk Deniz Köşkü in Florya verbinden, der 1934 im Bauhausstil für Atatürk als Sommerpavillon auf Stelzen ins Meer gestellt wurde (Tel. 0212 425 51 51, Öffnungszeiten: 9–17 Uhr, Mo und Do geschl.).

Pariser Chic – **Café du Levant:** ■ **E 1,** Sütlüce, Hasköy Caddesi 5, Tel. 0212 369 66 07, www.divan.com.tr, Dampfer: Haliç-Linie bis Hasköy, Di–Fr 12–22, Sa 18–22 Uhr, ca. 20 €. Eine gute Adresse für internationale Küche mit französischem Einschlag. Das Café ist Teil des Rahmi M. Koç-Museums. Es lohnt aber auch einen Besuch ohne Museumsbesichtigung. Wirklich gute Weinkarte.

Terrasse am Bosporus – **Feriye Lokantası:** ■ **östl. N 1,** Ortaköy, Çırağan Caddesi 40, Tel. 0212 227 22 16, www.feriye.com, tgl. 12–15, 19–23 Uhr, ab 30 €. Das Feriye liegt in einem historischen Gebäude direkt am Bosporus. Neben osmanischer Küche findet man hier auch internationale Gerichte. Die verschiedenen Fischkreationen des Chefkochs sind zwar nicht ganz preiswert, aber sehr zu empfehlen.

Osmanische Spezialitäten – **Matbah:** ■ **Karte 3, J 7,** Sultanahmet, Caferiye Sok. 6 (im Hotel Ottoman Imperial), Tel. 0212 514 61 51, www.matbahrestaurant.com, 12–24 Uhr, gleich neben der Haghia Sophia. Osmanische Palastküche vom Feinsten mit Quellenangabe, im Sommer ist die Terrasse eine Oase mit Blick auf die Kuppeln der benachbarten Medrese, an Wochenenden wird das Dîner stilgerecht begleitet von türkischer Kunstmusik. 3-Gänge-Menü ohne Getränke um 70 Tl.

Edles Ambiente – **Seasons Restaurant:** ◾ **Karte 3, J 7,** Sultanahmet, Tevkifhane Sokak 1 (im Four Seasons Hotel), Tel. 0212 638 82 00, www.four seasons.com/istanbul, Tramvay: Sultanahmet, tgl. 12–14.30, 19–23 Uhr. Das im luxuriösen Four Seasons Hotel gelegene Restaurant wird von einem italienischen Chefkoch geführt und bietet türkische und internationale Küche. Für mittags und abends gibt es unterschiedliche Karten. Die türkischen und mediterranen Vorspeisen sind sehr übersichtlich und lassen noch genügend Raum für die hervorragenden Fisch- und Nudelgerichte des Hauptgangs und die fantasievollen Nachspeisen. Das Einzige, was einen hier belastet, ist die Rechnung. Sonntags zwischen 11.30 und 15 Uhr kann man für ca. 45 € pro Person an einem opulenten Sonntagsbrunch teilnehmen (mit Sushi und fernöstlichen Spezialitäten).

Mediterraner Grill – **Venge:** ◾ **nördl. N 1,** 4. Levent, Akasyalı Sok. 2, Tel. 0212 264 07 20, www.venge.com.tr, Metro M2: 4. Levent, tgl. 12–22.30 Uhr, 25 €. Das Restaurant bietet hervorragende Vorspeisen und delikate Fleischgerichte. Im Sommer kann man seine Mahlzeit auf der schönen Gartenterrasse genießen. Das Preisniveau ist gehoben, aber die Speisen sind hier jede Lira wert. Als Dessert sollte man Grießhelva mit versteckter Eiskugel probieren, falls noch Platz ist.

Türkische Nouvelle Cuisine – **Yeni Lokanta:** ◾ **Karte 2, H 3,** Beyoğlu, Kumbaracı Yokuşu 66, Tel. 0212 292 25 50, www.lokantayeni.com, Nost. Tram: Tünel, Mo–Sa 12–16.30, 18–1 Uhr, ab 35 €. Der erfahrene Küchenchef Civan zaubert aus Zutaten, die aus der jeweiligen Region frisch geliefert werden, originelle Interpretationen der türkischen Küche. Wer sich nicht zwischen Ravioli mit Auberginenfüllung und Hummus mit Granatapfelkernen entscheiden kann, dem sei das Menü aus neun Gängen empfohlen. Diätwünsche werden erfüllt und auch Vegetarier werden hier fündig und glücklich. Nicht günstig, aber faires Preis-Leistungs-Verhältnis. Unbedingt im Voraus reservieren!

Gut und günstig

Buletten exquisit – **Ali Baba:** ◾ **östl. N 1,** Arnavutköy, 1. Cadde 92, Tel. 0212 265 36 12, www.koftecialibaba. net, 8 €. Erfahrene Istanbul-Reisende und Promis schwören auf Ali Baba. Eine große Auswahl an Speisen gibt es hier nicht. Das ist auch nicht nötig. Hierhin kommt man, um die spektakulären *köfte* zu genießen. Als Beilage gibt es Salat. Wenn der Laden um 22 Uhr schließt, öffnet einige Meter entfernt in einem Eckhaus ein weiteres Ali Baba.

Frühstück alter Schule – **Beşiktaş Kaymakçısı:** ◾ **nördl. N 1,** Beşiktaş Köyiçi Meydanı Sokak, Tel. 0212 258 26 16, ca. 5 €, tgl. 8–18 Uhr, alle Busse ab Kabataş Richtung Beşiktaş. Aus ganz Istanbul kommen Kenner in diesen kleinen Laden im Herzen des Ortes, es gibt ihn seit 1894 und er hat sein uriges Gesicht neben den leuchtbeschilderten Nachbargeschäften bis heute bewahrt. Hier servieren der brummige 88-jährige Pando und seine Frau Yoanna Şestakof das unvergleichliche Kaymak, eine schnittfeste Sahne aus Büffelmilch, das Rezept hält Pando geheim. Sie wird tagesfrisch verzehrt und mit Honig und knusprig-frischem Weißbrot serviert. Daneben gibt es Tomaten und Gurken, Oliven, Käse, Spiegeleier von glücklichen Freilandhühnern, zubereitet mit oder ohne Sucuk (würzige Wurst), begleitet von einem Glas warmer Milch oder Tee. Leider hat das Ehepaar Nachwuchssorgen, ihre Nachkommen wollen den Laden nicht mehr weiterführen ...

Wie bei Muttern – **Çiya Sofrası:** ▪ **Karte 6, C 3,** Kadıköy, Güneşlibahçe Sokak 43, Tel. 0216 330 31 90, www.ciya.com.tr, Dampfer: Kadıköy, tgl. 11–22 Uhr, 15 €. Allein dafür lohnt es sich, den Dampfer nach Asien zu nehmen: Musa Dağdeviren forscht nach Rezepten aller Völker der Region und kocht mit Herzblut in seinem Lokal mitten im sehenswerten Fisch- und Gemüsemarkt mit Bio-Zutaten der Saison und seltenen Kräutern, die er speziell anbauen lässt. Ausgezeichnete vegetarische Gerichte gibt es reichlich, die hausgemachten Obstsäfte *(şerbet)* wollen auch alle probiert sein.

Traditionelle Küche – **Hacı Abdullah:** ▪ **Karte 2, J 2,** Beyoğlu, Atıf Yılmaz Caddesi 9/A, Tel. 0212 293 85 61, www.haciabdullah.com.tr, Metro: Taksim, tgl. 11–22.30, 11 €. Traditionelle Speisen aus Anatolien gibt es bei Haci Abdullah seit 1876. Die preiswerten Menüs wechseln täglich. Eine Spezialität ist das Hünkar Beğendili Kebap, Fleisch auf Auberginenpüree. Sehr originell und günstig; auf Alkohol muss man hier allerdings verzichten.

Mittags wie Abends – **Hatay Medeniyetler Sofrası:** ▪ **Karte 2, J 2,** Beyoğlu, İstiklal Caddesi 49, www.hataymedeniyetlersofrasi.com.tr, Metro: Taksim, Menü 2 Gänge 12 €. Wer türkisch-arabische Küche zu moderaten Preisen sucht, ist hier richtig. Kebap in allen Varianten, mit einer Mezeplatte vorab und einer kalorienhaltigen Nachspeise ist man für weitere Besichtigungen bestens gerüstet. Unbedingt einen Platz auf der Terrasse mit Blick auf die Hagia-Triada-Kirche sichern!

Auf der asiatischen Seite – **Kanaat Lokantası:** ▪ **Karte 5,** Üsküdar, Selmanipak Caddesi 9, Tel. 0216 341 54 44, www.kanaatlokantasi.com, tgl. 6.30–23 Uhr, 10 €. Das Kanaat gibt es seit 1933. Es bietet traditionelle türkische Küche zu erschwinglichen Preisen; kein Alkohol.

Wohlfühlpause – **Klemuri Café und Restaurant:** ▪ **Karte 2, J 2,** Beyoğlu, Büyükparmakkapı Sokak/Tel Sokak 2/1, Tel. 0212 292 32 72, www.klemuri.com, Metro M2: Taksim, Mo–Sa 12–23 Uhr, 16 €. Dieses preiswert wie liebevoll eingerichtete Café ist ein idealer Pausenort bei längeren Erkundungsrundgängen links und rechts der İstiklal Caddesi. Hier wird nach Rezepten vom Schwarzen Meer oder aus aller Welt für vorwiegend junges Publikum gekocht. Besonders empfehlenswert ist das Hühnchen mit Mandeln.

Gute Aussichten – **Zeyrekhane:** ▪ **F 5,** Zeyrek-Fatih, Sinanağa Mahalle, İbadethane Arkası Sokak 10, Tel. 0212 532 27 78, www.zeyrekhane.com, Metro M2: Vezneciler, Hauptgerichte ca. 15 €. Wo noch vor zehn Jahren eine wilde Müllkippe das Gelände hinter dem ehemaligen Pantokratorkloster (s. S. 77) verschandelte, befindet sich jetzt ein parkähnliches Grundstück mit Terrasse, Wasserspielen und viel Grün. In ein restauriertes Kontorgebäude, das einst zur Molla Zeyrek Camii gehörte, ist ein elegantes Restaurant mit klassischer türkischer Küche eingezogen. Auf der Terrasse hat man einen schönen Blick auf das Goldene Horn bis nach Galata und die direkt gegenüberliegende Süleymaniye Camii.

Gefüllte Auberginen »İmam Bayıldı« sind ein leckeres Gemüsegericht

Internationale Küche

Edelitaliener – **Antica Locanda:** **östl. N 1,** Arnavutköy, Satış Meyd. 12, Tel. 0212 287 97 45, www.anticalocanda.com.tr, Bus: Arnavutköy. Der beste wirkliche Italiener der Stadt serviert in der ehemaligen Backstube der benachbarten griechisch-orthodoxen Taxiarchis-Kirche im malerischen Ortskern von Arnavutköy täglich wechselnde Menüs. Mittags gibt es auch Pizza, Abendmenü ab 80 TL, Di–So 12–1 Uhr, im August geschl. Unbedingt reservieren!

Türkisch Crossover – **Changa Restaurant:** **Karte 2, K 2,** Taksim, Siraselviler Caddesi 47, Tel. 0212 251 70 64, www.changa-istanbul.com, Metro u. Füniküler: Taksim, Mo–Sa 18–1 Uhr, ab 35 €. Der Name ›Changa‹ (übersetzt ›gemischt‹) ist Programm. Das Restaurant in einem Art-Nouveau-Gebäude mit stilvoll schlichter Ausstattung wird von einem viel gereisten Neuseeländer

betrieben. Seine Erfahrungen mit den verschiedensten Kulturen hat er in eine vorzügliche Fusionsküche einfließen lassen. Hier kommt auf dem Teller zusammen, was sich ›in freier Natur‹ niemals begegnet wäre. Das wirklich hervorragende Essen ist ebenso beeindruckend wie die Preise.

Thai galore – **çokçok:** **Karte 2, H 2,** Tepebaşı Meşrutiyet Caddesi 51, Tel. 0212 292 64 96, www.cokcok.com.tr, Nost. Tram: Odakule, tgl. 12–23 Uhr, ca. 40 €. Fernöstliche Gastlichkeit in einem durch den international tätigen Star-Innnenarchitekten Kay Ngee Tan gestylten Ambiente. Scharfe Currys und gebratene Nudeln mit allerlei Meeresgetier. Cocktails gibt es an der Bar. Einer *der* aktuellen Hot-Spots, Reservierung ist angeraten!

Curry für den Sultan – **Dubb Indian Restaurant:** **Karte 3, H 7,** Sultanahmet, İncili Çavuş Sokak 10, Tel. 0212 513 73 08, www.dubbindian.com,

Essen und Trinken

Tramvay: Sultanahmet, tgl. 12–15.30, 18–23 Uhr, 28 €. Das Restaurant befindet sich in einem liebevoll restaurierten Haus aus osmanischer Zeit. Auf vier Stockwerken serviert man hier verschiedene *pakora* als Vorspeise, mild gewürzte Lamm- und Hühnergerichte (unbedingt das Tandoori-Huhn probieren) sowie vier verschiedene *lassi* (Yogurt-Shakes). Auch vegetarische Gerichte sind im Angebot. Von der Dachterrasse aus hat man einen guten Blick auf die Hagia Sophia.

Mit Aussicht – **Mikla:**  **Karte 2, H 3,** Beyoğlu, Meşrutiyet Cad. 15, Tel. 0212 293 56 56, www.miklarestaurant.com, Nost. Tram: Odakule, Mo–Sa 18–23.30 Uhr, 3-Gänge-Menü 55 €, Cocktails 10 €. Mehr Panorama geht nicht: Nach einem Drink auf der Dachterrasse des Marmara Pera Hotels mit Fernblick bietet der schwedisch-türkische Chef Mehmet Gürs in seinem benachbarten Restaurant beste Fusionküche. Für Unentschlossene gibt es drei oder sieben kleinere Gänge, die von der Tageskarte frei wählbar sind, so entgeht einem nichts.

Lokale Küche

Mediterran-arabisch – **Antiochia:**  **Karte 2, H 3,** Asmalı Mescit, General Yazgan Sok. 3, Tel. 0212 244 08 20, www.antiochiaconcept.com, Nost. Tram: Tünel, Mo–Fr 12–24, Sa 15–24 Uhr, 12 €. Die Stadt Antiochia (Antakya) war schon in der Antike – zu Recht – für allerlei Genüsse bekannt, nun kann man einen Teil von ihnen in Istanbul ausprobieren: Das Fleisch kommt täglich von dort, die Vorspeisen sind unschlagbar. Kleines Lokal, abends ist eine Reservierung unbedingt zu empfehlen!

Kebapträume – **Develi:**  **nördl. N 1,** Etiler, Tepecik Yolu 22, Tel. 0212 263 25 71, www.develikebap.com, Metro: Gayrettepe, Bus: Akmerkez, ca. 27 €. Köstliche Meze und Fleischgerichte mit osttürkischem Einschlag. Im Zeichen des Kamels *(develi)* bieten heute gleich mehrere Etablissements gehobene türkische Küche an. Am schönsten sitzt und tafelt man weiter draußen in einer Villa mit Gartenterrasse in Etiler.

Regionale Vielfalt – **Galata Kiva:**  **H 3/4,** Beyoğlu, Galata Kulesi Meydanı 4, Tel. 0212 292 98 98, www.galatakivahan.com, Metro M2: Şişhane, tgl. 8–1, 15 €. Das 2008 eröffnete Kivahan bietet regionale Küche aus der gesamten Türkei. In dem reichhaltigen Angebot zu erschwinglichen Preisen finden sich fast vergessene und wiederent-

deckte Rezepte der türkischen Koch-
kunst. Das Restaurant liegt direkt am
Fuße des Galata-Turms – eine absolute
Empfehlung.

Griechische Urständ – **O Maestros:**
■ **östl. N 1,** Arnavutköy, 1. Cadde 73,
Tel. 0212 287 49 61, tgl. 19.30–24 Uhr,
25 €. Arnavutköy war bis ins vergange-
ne Jahrhundert ein hauptsächlich von
Griechen bewohnter Ort (Mega Revma),
die Kuppelkirche Aghi Strati Taksiarchi
im nahen Ortszentrum zeugt noch davon. Die fischlastige griechische Taverne
mit Hauptfiliale in Saloniki betreibt Nostalgie mit griechischer Musik, manchmal
zu vorgerückter Stunde sind gar Tanz
und zerschlagene Teller inbegriffen.
Empfehlenswert ist die reiche Vorspei-
senpalette begleitet von freundlichem
Personal. Aus allen Etagen schöner Blick
auf den Anleger von Arnavutköy.

Authentisch – **Refik:** ■ **Karte 2, H 3,**
Tünel, Sofyalı Sokak 10, Tel. 0212 243
28 34, Nost. Tram: Tünel, Mo–Sa 12–24,
So 18.30–24 Uhr, 17 €. Klassisches türkisches Restaurant mit Spezialitäten von
der Schwarzmeerküste. Familiäre Atmosphäre und viel Lokalkolorit, allerdings
oft überfüllt; keine Kreditkarten!

Vegetarisch/Vegan

Auch gegrillt – **Parsifal:** ■ **Karte 2, J
2,** Beyoğlu, İstiklal Cad., Kurabiye Sok.
9/A, Tel. 0212 245 25 88, Metro: Taksim, tägl. 9.30–22.30 Uhr. Gemütliches
vegetarisches Restaurant in ruhiger Pa-
rallelstr. der İstiklal, bekannt für seine
hausgemachte Limonade. Gemüsespie-
ße mit Halloumi, Linsenklopse oder
auch Möhren-Sellerie-Puffer schmecken
selbst Karnivoren.

Beliebt zum Ausgehen: In Kumkapı reihen sich die Fischrestaurants aneinander

Einkaufen

Einkaufsparadies Istanbul

Istanbul bietet einiges für Shopping-Fans und Schnäppchenjäger: Ob traditionelles Kunsthandwerk oder schöne moderne bunte Warenwelt – jeder Geschmack und Anspruch kann befriedigt werden. Dabei beschränkt sich die ›Jagdzeit‹ nicht nur auf eine bestimmte Saison, obwohl man im Schlussverkauf besonders im Modebereich bei den großen Marken bis zu 50 % Preisnachlass erzielen kann.

Mitten im Herzen der Altstadt von Istanbul liegt eine der ältesten ›Shopping Malls‹ der Welt, der **Kapalı Çarşı** (Großer Basar). Über 22 Eingangstore erreicht man die überdachten Ladenstraßen. Das ca. 30 000 m² große Areal beherbergt an 64 Straßen etwa 3500 Läden: Zahlreiche Juweliere, Antiquitätenhändler, Teppichknüpfer und Ledergerber präsentieren hier das Ergebnis ihrer Handwerkskunst. Neben Qualitätsware stößt man allerdings immer häufiger auch auf jede Menge Kitsch und Kuriosa speziell für den touristischen Geschmack (s. S. 43).

Hotspots

Das schicke und wohlhabendere Publikum zieht es dagegen in die Stadtteile **Nişantaşı** und **Teşvikiye:** Im Grunde genommen sind es nur zwei Straßenzüge im Dreieck zwischen Rumeli und Teşvikiye Caddesi, an denen die Großen der internationalen Modewelt ihre Niederlassungen errichtet haben. Bei Cappuccino und Brownies erholt man sich im Bistro genauso gut vom Kaufrausch wie in Mailand, Paris oder Berlin. Bei einer Millionenstadt, die sich ständig weiter ausdehnt, bleibt es auf Dauer nicht aus, dass sich neue Zentren mit Geschäftsstraßen bilden, so beispielsweise Etiler und Levent.

Die Dörfer am Bosporus wie **Ortaköy, Bebek** und **Arnavutköy** konnten viel von ihrem ursprünglichen Charme bewahren: Kleine Händler und spezielle Berufsgruppen haben hier immer noch ihren angestammten Sitz, so etwa die Zuckerbäcker in Bebek. Auch in Asien lässt sich prima einkaufen: Die **Bağdat Caddesi,** die von Kadıköy nach Suadiye führt, bietet eine Auswahl von Filialen bekannter Geschäfte.

Shopping Malls

In einer Stadt, in der die Institution ›Einkaufszentrum‹ in der Geschichte eine so ungebrochene Tradition hat, ist es daher nicht verwunderlich, dass sich auch moderne Shopping Malls uneingeschränkter Beliebtheit erfreuen. In nur wenigen Jahren ist eine ganze Anzahl besonders prächtiger Exemplare dieser Gattung aus dem Boden geschossen. Die größten dieser Zentren sind das neue **Zorlu Center** in Zincirlikuyu, das **Metro-City** oder das futuristische **Kanyon** (s. S. 103) in Levent, das Cevahir in Şişli sowie das **İstinye Park** in İstinye. Schnellimbisse und Multiplex-Kinos gehören überall zur Grundausstattung.

Accessoires

Pailletten und Strass – **Marpuççular Basar:** ■ **Karte 3, H 5,** Eminönü, Marpuççular Cad. Entlang dieser Straße hinter dem Ägyptischen Basar reihen sich zahlreiche Schmuckläden, die künstliche Perlen, viel Strass und Pailletten in allen Farben für Bauchtanzkostüme verkaufen.

Vollseiden – **Yılmaz İpekçilik:** ■ **Karte 3, J 7,** Sultanahmet, Ishakpaşa Cad. 36, Tel. 0212 638 45 79, www.yilmazipekcilik.com. Unterhalb des Brunnens Ahmet III. liegt die Istanbuler Filiale einer Seidenweberfamilie aus Antakya. Sie ist Lieferant für namhafte Couturiers, in diesem Laden kann aber auch der Hobbyschneider eine große Auswahl an edlen Stoffen finden. Außerdem kann man Schals und Hemden zu reellen Preisen in ausgezeichneter Qualität erwerben – ein besonderer Tipp!

Antiquariate

Für Skipper – **Denizler Kitapevi:** ■ **Karte 2, J 2,** Beyoğlu, İstiklal Caddesi 199, Tel. 0212 249 88 93, www.denizlerkitabevi.com, Metro: Taksim, tgl. 9.30–19.30 Uhr. Der Schwerpunkt liegt auf Nautik und Geografie, doch findet man auch alte Postkarten und historische Plakate.

Schöne Drucke – **Librairie de Pera:** ■ **Karte 2, H 3,** Beyoğlu, Galip Dede Caddesi 8, Tel. 0212 243 74 47, www.librairiedepera.com, Nost. Tram: Tünel. Alteingesessenes Antiquariat mit vielen fremdsprachigen Titeln und seltenen Büchern. Außerdem werden hier Karten, Drucke und Fotografien angeboten.

Osmanische Geschichte – **Ottomania:** ■ **Karte 2, H 3,** Beyoğlu, İstiklal Caddesi/Sofyalı Sokak 30–32, Tel. 0212 243 21 57, Nost. Tram: Tünel, Mo–Sa 10–18 Uhr. Wer sich für alte Ansichten Istanbuls und für Szenen des osmanischen Volkslebens interessiert, wird hier fündig. Der Bogen spannt sich von Stichen für den kleinen Geldbeutel bis zu seltenen Drucken und Büchern, die teuer gehandelt werden (Ausfuhrgenehmigung beachten, s. S. 17).

Bücher

Prachtvolle Bildbände – **Istanbul Kitapçısı:** ■ **Karte 2, H 3,** Galatasaray, İstiklal Caddesi 146, Tel. 0212 292 76 92, www.istanbulkitapcisi.com, Nost. Tram: Odakule. Der Buchladen der Stadtverwaltung bietet Literatur zu Istanbul und zur Türkei in großer Auswahl – auch in englischer Sprache. CDs mit türkischer Musik und geschmackvolle Kunstdrucke nach alten Stadtveduten ergänzen das Angebot.

Internationale Auswahl – **Remzi Kitabevi:** ■ **nördl. N 1,** Etiler, Akmerkez İş Hanı, Nispetiye Caddesi 223, Tel. 0212 282 25 75; Nişantaşı, Rumeli Caddesi 44, Tel. 0212 234 54 75/76, www.remzi.com.tr. Das Remzi unterhält mehrere Filialen in der Stadt und ist in fast allen großen Shoppingmalls vertreten. Neben einer großen Auswahl an türkischen und internationalen Zeitschriften, Magazinen und Büchern erhält man hier CDs und DVDs.

Deutsche Buchhandlung – **Türk Alman Kitapevi:** ■ **Karte 2, H 3,** Beyoğlu, İstiklal Caddesi 237, Tel. 0212 249 35 96, www.tak.com.tr, Nost. Tram: Tünel. Die richtige Adresse für alle, die Heimweh haben. Diese deutsche

Die Gewürze des Orients im Ägyptischen Basar

Buchhandlung hält seit Jahrzehnten in der Nähe des Tünel-Eingangs die Stellung. Hier bekommt man türkische Literatur in deutscher Übersetzung.

Delikatessen

Feinkostspezialitäten – **Antre Gourmet Shop:** ■ **Karte 2, J 3,** Cihangir, Beyoğlu, Akarsu Caddesi 40/A, Tel. 0212 292 89 72, www.antregourmet. com, Tramvay: Fındıklı, tgl. 9–21 Uhr. Wer Ausgefallenes auf dem Teller liebt, ist hier richtig. Regional und meist durch kleinere Kooperativen produzierte Delikatessen liegen hier appetitlich dekoriert in der Vitrine. Käse aus Erzurum, Kars und anderen Orten Anatoliens laden zu lukullischen Entdeckungsreisen ein. Vollkornbrot aus Österreich, selbst gemachte Marmeladen und Pasten aus Auberginen, Zucchini und Paprika sowie mexikanische

Spezialitäten und italienische Pasta ergänzen das Angebot.

Türkischer Honig – **Hacı Bekir:** ■ **Karte 3, H 5,** Eminönü, Hamidiye Cad. 33, www.hacibekir.com.tr. In diesem Traditionshaus, seit 1777 mit Süßem befasst, bekommt man Lokum (türkischen Honig) in allen möglichen Varianten. Verschieden sortierte Geschenkpackungen, die man gut mit nach Hause nehmen kann, gibt es ab 4,50 €. Filiale in der İstiklal Cad. 83A.

Baklava Spezial – **Karaköy Güllüoğlu:** ■ **H 4,** Karaköy, Rıhtım Cad., Katlı Otopark Altı 3–4, Tel. 0212 293 09 10, www.karakoygulluoglu.com, Tramvay: Karaköy. Außer dieser Verkaufsfiliale in Karaköy, in der man auch vor Ort Zuckerbackwaren genießen kann, gibt es keine andere Filiale! Auch wenn viele sogar den Namen kopieren: Die Qualität dieses Baklavas ist unerreicht!

Kaffeetradition – **Kurukahveci Mehmet Efendi:** ■ **Karte 3, G/H 5,** Eminönü, Tahmis Sokak 66, Tel. 0212 511 42 62, www.mehmetefendi.com, Tramvay: Eminönü, Mo–Fr 9–18 Uhr, Sa 9–14 Uhr. Der ›Türkentrank‹ wird hier authentisch hergestellt und in einem schönen Ladenlokal verkauft. Die attraktiv gestalteten Dosen sind das ideale Mitbringsel. Kaffeegenuss mit Tradition und Erfahrung von nahezu 130 Jahren!

Eis aus Maraş – **Mado:** ■ **Karte 2, H/J 2,** İstiklal Caddesi. Der Eisspezialist Mado unterhält Filialen in der ganzen Stadt. Mado ist die Abkürzung für Maraşdondurması (›Eis aus Maraş‹). Hier gibt es mehrere Dutzend verschiedene Eissorten. Das Eis sieht kaugummiartig aus und zieht lange Fäden. Ein spezieller Genuss!

Pistazienmarzipan – **Meşhur Bebek Badem Ezmesi:** ■ **Karte 6, C 2,** Bebek, Cevdetpaşa Caddesi 53C, Tel. 0212 263 59 84. Der Weg hinaus lohnt: große Auswahl an edlen türkischen Süßigkeiten. Besondere Spezialität des traditionsreichen Hauses ist das sündhaft teure, aber immer noch unvergleichliche Pistazienmarzipan.

Fleischspezialitäten – **Şütte:** ■ **Karte 2, J 2,** Beyoğlu, Balıkpazarı, Galatasaray, Tel. 0212 293 92 92, Nost. Tram: Galatasaray, Mo–Sa 8.30–20 Uhr. Seit es keine legale Schlachtmöglichkeit für Schweine mehr in Istanbul gibt, sucht man nun Kassler und Schinken vergeblich hier, aber auch ohne diese Spezialitäten bleibt Şütte eine alteingesessene, vertrauenswürdige Charcuterie.

Kunsthandlungen und Kunsthandwerk

Antiquarische Drucke und Filmplakate – **Artrium:** ■ **Karte 2, H 3,** Beyoğlu, Müellif Sokak 12, Tel. 0212 251 43 02. Immer für ein Mitbringsel gut: Stiche, Drucke und Reproduktionen alter Istanbul-Ansichten oder von Motiven aus dem Leben am osmanischen Sultanshof. Zeitweilig sind auch herrliche türkische Filmplakate vorhanden.

Direkt vom Erzeuger – **Istanbul Handicrafts Center:** ■ **Karte 3, J 7,** Sultanahmet, Kabasakal Caddesi 5 (direkt neben Yeşil Ev Hotel), www.yesilev.com.tr, Tramvay: Sultanahmet, tgl. 9–18.30 Uhr. In den ehemaligen Zellen einer alten Medrese (Koranschule) haben sich Miniaturenmaler, Kalligraphen und andere Kunsthandwerker niedergelassen, denen man bei der Arbeit zuschauen kann, ohne sofort zum Kaufen

Der Beşiktaş-Markt

In den Gassen von **Beşiktaş,** ■ **östl. N 1,** Tramvay: Kabataş, wird einfach alles an den Mann oder die Frau gebracht: Eingelegtes Gemüse, Uhren, Designermode und Haushaltswaren aus Plastik … Wem die drangvollen Enge eines Basars gefällt, der ist hier gut aufgehoben. Sehenswert ist auf jeden Fall der Fisch- und Gemüsemarkt *(balık pazarı),* auf dem fangfrischer Fisch und saisonabhängige Gemüsesorten angeboten werden. Einige kleinere Restaurants und *lokanta* mit Fischspezialitäten, darunter *balık köftesi (köfte* aus Fisch), liegen direkt beim überdachten Marktplatz.

animiert zu werden. Auch Kurse werden hier angeboten.

Möbel und Design

Designcenter – **Addresistanbul:** ■ **nördl. G 1**, Şişli, Halide Edip Adıvar Bulvarı 4, Tel. 0212 320 62 62, www. addresistanbul.com, Metro M2: Şişli. Auch Istanbul hat ein Designcenter. Was in Deutschland z. B. von Stilwerk recht erfolgreich praktiziert wird, nämlich Lifestyle- und Designanbieter unter einem Dach zu vereinen, um Schauen, Vergleichen und Kaufen mit kurzen Wegen zu ermöglichen, ist nun auch bei Addresistanbul zum Prinzip erhoben worden. Hier dreht sich in 40 Shops auf mehreren Ebenen alles u. a. um Wohnmöbel, Küchen, praktische Einrichtungsgegenstände sowie originelles Objektdesign von türkischen wie internationalen Anbietern.

Designstars – **Autoban:** ■ **Karte 2, H 3**, Beyoğlu, Tepebaşı, Meşrutiyet Caddesi 99/1, Tel. 0212 243 86 41 (Studio), Nost. Tram: Odakule und Beşiktaş, Süleyman Seba Cad. 16–20, Tel. 0212 236 92 46 (Showroom, ■ **M 1**), www.auto ban212.com, Bus: Beşiktaş, Mo– Sa 10– 19 Uhr. Seyhan Özdemir und Sefer Çağlar sind die Shootingstars der türkischen Designszene und werden auch bei uns durch einschlägige Magazine immer bekannter. Neben den die türkischen Szene-Cafés optisch prägenden Interieurs (z. B. für die Kette The House Café) gibt es eine klare Consumer-Möbellinie, die Retro-Organisches im Stil der 1950er-Jahre mit aktuellen Trends mixt.

Trinkkultur – **Paşabahçe:** ■ **Karte 2, H 3**, Beyoğlu, İstiklal Caddesi 150, Tel. 0850 206 22 40, Nost. Tram: Odakule. Schöne, wenn auch fragile Mitbringsel

findet man im ›Garten des Pascha‹. Im traditionsreichen Geschäft für Haushaltsbedarf und Glaswaren aller Art gibt es die für den türkischen Tee so unersetzlichen Teegläser, aber auch Kunsthandwerk aus Glas und Unikate in der Boutique-Abteilung im Obergeschoss. Weitere Filialen in fast allen Shopping Malls.

Mode

Designerfummel – **Bahar Korçan:** ■ **H 3**, Galata, Serdar-ı Ekrem Sok. 9, Tel. 0212 243 73 20, www.baharkorcan.org, Nost. Tram: Tünel. Bahar Korçan, Özlem Süer, Ümit Ünal sind die arrivierten, international erfolgreichen Modemacher Istanbuls. Erstere zog mit ihrer Boutique in der Serdar-ı Ekrem am Galata-Turm andere Designer nach sich, ihre sehr tragbaren Themenkollektionen sind u. a.: Begegnungen, Stein und Haut, Balance.

Dicke Hose – **Emporio Armani:** ■ **nördl. L 4**, Teşvikiye, Maçka Caddesi 37, Tel. 0212 233 06 66, Metro M2: Osmanbey. Hier findet man die ganze Angebotspalette von Armani auf zwei Etagen in einem betont sachlich gehaltenen Ladenlokal. Immer aktuell ist das Souvenir-T-Shirt mit dem ›Istanbul-Emporio-Armani‹-Aufdruck. Für alle, die nur mal gucken wollen, gilt: Geld ausgeben kann man auch im angeschlossenen italienischen Café-Restaurant.

Mode und Accessoires – **Evihan:** ■ **Karte 2, J 2**, Çukurcuma, Altıpatlar Sokak 4A, Tel. 0212 244 00 34, www. evihan.com, Tramvay: Tophane. Modeunikate im Patchwork-Stil der Designerin Saliha Gümüşdüğme werden hier angeboten. Dazu kommen Accessoires wie Glasperlen-Objekte oder Silberschmuck, der angenehm zeitlos wirkt und direkt in der Werkstatt der Eigentümerin Kristin Evihan gefertigt wird. Ein entspannender Ort zum Stöbern.

Blaue Hosen – **Mavi Jeans:** ◼ **Karte 2, J 2,** Beyoğlu, İstiklal Cad. 123, Tel. 0212 244 62 55, www.mavijeans.com. Angefangen hatte die Firma als Stofflieferant für Levi's. Klassische Röhre, Slim-Fit, Denim mit oder ohne Nieten und auf alt getrimmt – die berühmte türkische Eigenmarke, die inzwischen auch für den Export hergestellt wird, macht mittlerweile – dank Qualität und origineller Werbung – sogar mit eigenen Läden in den USA, Kanada und Deutschland den amerikanischen Vorbildern kräftig Konkurrenz.

Made in Turkey – **Simay Bülbül:** ◼ **Karte 2, H 3,** Beyoğlu, Şahkulu Bostan Sok. 22/A, Tel. 0212 292 45 86, www. sim-ay.com. Nicht erst seit der ersten Istanbul Fashion Week in 2010 sind türkische ModedesignerInnen schwer angesagt, so auch Simay Bülbül, die als Quereinsteigerin ins Modebusiness gekommen ist und bereits etliche Preise eingeheimst hat. Ihre Kreationen in Leder oder Stoff sind zumindest in der Türkei kein Geheimtipp mehr und werden nicht nur in ihrem eigenen Showroom, sondern auch in ausgewählten Boutiquen der Türkei angeboten.

Musik

Wie wäre es mit einer türkischen Saz (Langhalslaute) oder einer Darbuka (Handtrommel) als klingendes Mitbringsel? In der **Galip Dede Caddesi** (▶ H 3), neben der oberen Tünel-Station, haben sich etliche Musikalienhändler niedergelassen. Weltbekannt und geschätzt von führenden Percussionisten sind die in Istanbul gefertigten Zimbeln, die den Namen der Stadt tragen.

Tonträger – **Lale Plak:** ◼ **Karte 2, H 3,** Tünel, Galip Dede Caddesi 1, Tel. 0212 293 77 39, Nost. Tram: Tünel. Jazz, Klassik oder World Music.

Der futuristische Kanyon – Die Stadt in der Stadt

Die glitzernde Konsumwelt mit Shopping Malls amerikanischen Stils hat längst Einzug in Istanbul gehalten: Ob im luxuriösen Kanyon oder bodenständiger bei Metrocity oder im Cevahir – Istanbul zieht jede Menge Windowshopper wie Schnäppchenjäger an und ist ideal für ein kulturell aufgeladenes Shoppingwochenende. Der futuristische **Kanyon** verbindet auf 37 500 m² Shoppingvergnügen mit einem 26-stöckigen Office Tower und knapp 200 Luxus-Apartments mit puristischer Innendeko. Die Architektur versucht die Aussöhnung von kubischer, strenger Moderne mit fließenden, organischen Formen. Tatsächlich wirken die um einen offenen Innenhof gruppierten Ladenzeilen wie ein tiefer Canyon, den hängende Gärten bekrönen. Nobelmarken und Esstempel bestimmen das Angebot, wie etwa Mandarina Duck, Calvin Klein, G-Star, Vakko und eine Dependance des traditionsreichen Londoner Kaufhauses Harvey Nichols. Das Kanyon wie auch das brandneue **Zorlu Center** mit Apple-Store (Metro M2: Gayrettepe, direkte Tunnelanbindung) sind sehr gut und schnell mit der Metro ab Taksim zu erreichen. **Kanyon:** ◼ **Karte 6, C 2,** Levent, Büyük Dere Caddesi 185, Tel. 0212 353 53 00, www.kanyon.com.tr, Metro M2: Levent.

Ausgehen – abends und nachts

Das Nachtleben von Istanbul konzentriert sich – wie man es auch aus anderen Städten kennt – auf bestimmte Viertel. Auf der İstiklal Caddesi und in den umliegenden Straßen mit ihren zahllosen Bars, Cafés und Clubs pulsiert das Leben am Tag und in der Nacht. Vom Jazz bis zum türkischen Fasıl, vom Bubblegum-Techno bis zum Doom Rock: Kaum ein musikalischer Stil oder ein klangliches Genre, das nicht auf den Bühnen der Stadt mit Hingabe gepflegt würde. Nicht erst seit Fatih Akins musikalisch-filmischem Porträt ›Crossing the Bridge‹ gilt die Metropole am Bosporus als Mekka der Musik und Tummelplatz der Nachtschwärmer.

Außerhalb des Zentrums herrscht beispielsweise in **Ortaköy** am Bosporus Hochstimmung: Das jüngere Publikum führt hier vor allem am Wochenende die neusten modischen Erwerbungen und Piercings spazieren. Aber auch die Clubs in den modernen Hochhausvierteln von **Şişli**, **Levent** und **Etiler** haben sich zu modernen und angesagten Nightlife-Plätzen der Stadt entwickelt.

Ganz besonders beliebt sind nach wie vor die schwimmenden Disko-Nightlife-Etablissements, die durch ungeheure Phonzahlen den Anwohnern von Kuruçeşme den Schlaf rauben: Auf den dem Ufer vorgelagerten Inseln und Vergnügungsbooten dröhnen am Wochenende die wuchtigen Bässe die ganze Nacht, und irgendwo am Bosporus wird immer ein Feuerwerk abgebrannt.

Wo ist was los in Istanbul?

Um die aktuellen Termine für Veranstaltungen zu erfahren, lohnt es sich, einen Blick in die englischsprachige Zeitung **»Turkish Daily News«** zu werfen. Vor und während des Istanbul Festivals in den Sommermonaten gibt es an manchen Tagen zusätzliche Programmbeilagen.

Ebenfalls empfehlenswert ist der englischsprachige Führer **»Istanbul – The Guide«.** Neben einem gut recherchierten Informationsteil bringt das Heft zahlreiche »Special Features«, nützliche und interessante Hintergrundinformationen zu Istanbuler Themen oder türkischer Kunst und Kultur (www. theguideistanbul.com).

Das international bekannte **»Time Out Magazine«** erscheint monatlich mit einer englischsprachigen Istanbul-Ausgabe. Es enthält neben interessanten redaktionellen Artikeln einen ausführlichen Veranstaltungs- und Adressenteil.

Das Istanbul Festival

Seit 1973 organisiert die Istanbul Foundation for Culture & Arts das jährliche hochkarätige **Istanbul Festival:** Genau genommen handelt es sich um vier Festivals – je eines für klassische Musik, Jazz, Theater und Film. Seit neustem ist mit Phonem/Electronic Music Plateau noch ein Festival für elektronische Musik aller Spielarten, DJing und Technologie dazugekommen, das Perfomances, Diskussionen und Produktpräsentationen im Bereich der zeitgenössischen Popularmusik zu verbinden sucht. Die ebenfalls zum Festival gehörende Istanbul Biennale für Zeitgenössische Kunst, bei der sich immer wieder reizvolle Kontraste zwischen junger Kunst und meist historischem Ausstellungsambiente ergeben, wird das nächste Mal 2015 stattfinden. Aktuelle Informationen im Internet: www.iksv.org.

Kartenvorverkauf
Karten für die Festivals und zahlreiche andere Aktivitäten in der Stadt finden Sie unter **www.biletix.com** (Tel. 0216 556 98 00). Die Website bietet ihren Vorverkaufsservice in türkischer und englischer Sprache an.

Onlineveranstaltungskalender
www.timeoutistanbul.com – Die Onlineausgabe des in englischer Sprache erscheinenden »Time Out Magazine« für Istanbul präsentiert übersichtlich Informationen über tagesaktuelle Veranstaltungen, Restaurants, Shopping, Nightlife u.v.m. Die Seite ist zwar kein Ersatz für das Monatsmagazin, bietet aber eine gute Möglichkeit, schon vorzuplanen.
www.mymerhaba.com – Die auf Deutsch, Englisch und Französisch verfügbare Seite bietet praktische Tipps, Veranstaltungsadressen und auch tagesaktuelle Informationen. Schwerpunkte sind Istanbul und Ankara.
english.istanbul.com – Übersichtlicher Veranstaltungskalender (in englischer Sprache).
www.istanbulpost.net – Interessantes Netzmagazin in deutscher Sprache, wichtige Nachrichten aus der Politik, aber auch bunte Themen, mit Veranstaltungstipps.

Clubs und Diskotheken

Mehrraumwohnung – **Arkaoda:** ■ **Karte 6, C 3,** Kadıköy, Kadife Sokak 18/A, Tel. 0216 418 02 77, www.arkaoda.com, tgl. 12–2 Uhr. Jetzt geht auch was auf der asiatischen Seite: Dieser noch recht junge Musikclub setzt auf ausgewählte Nischenmusik. Arkaoda (›Hinterzimmer‹) pflegt die Wohnzimmerkonzertkultur. Musik von Freunden für Freunde. Kein Wunder, dass hier auch bekanntere Indie-Acts wie Xiu Xiu oder Damon & Naomi gerne Station machen. Nur einige Häuser weiter liegt die schöne Trip Bar (Kadife Sokak 10, Tel. 0216 346 04 13, 11–2 Uhr), wo wechselnde DJs für einen entspannten Sound sorgen, der vor allem die ›reifere‹ Jugend anspricht.

Live Music – **Babylon:** ■ **Karte 2, H 3,** Tünel, Şehbender Sokak 3, Tel. 0212 292 73 68, www.babylon.com.tr, Nost. Tram: Tünel, Di–Do 21–1.30, Fr, Sa 22–3 Uhr. Das 1999 gegründete Babylon ist aufgrund der Auftritte bekannter nationaler und internationaler Liveacts eine Institution in der Stadt. Das Programm ist dabei ein vielfältiges Crossover von Jazz, Pop, Drum&Bass, Electronic sowie World Music. Finden keine Auftritte statt, ist das Babylon ein beliebter Treffpunkt von Clubbern. Das Haus besitzt zwei Bars, aber kein Restaurant. Karten für die Veranstaltungen können über die hauseigene Vorverkaufsstelle (Di–Sa 12–21 Uhr) oder über Biletix (s. o.) bezogen werden.

Gepflegter Abend – **City Lights Bar:** ■ **K 1,** im Intercontinental Hotel, Taksim, Asker Ocağı Caddesi 1, Tel. 0212 368 44 44, Metro: Taksim, tgl. 14–2 Uhr. Die gehobene Adresse für den großen Abend, mit entsprechenden Preisen. Dafür ist die Rundsicht über Stadt

Das Reina ist der Treffpunkt der Schicken und Schönen Istanbuls

und Bosporus so großartig wie sonst kaum irgendwo. Lateinamerikanische Musik und Reggae.

In the ... – **Ghetto:** ◼ **Karte 2, H 2,** Beyoğlu, Kamer Hatun Caddesi 10, Tel. 0212 251 75 01, www.ghettoist.net, Nost. Tram: Galatasaray, Do–Sa 20–4 Uhr, bei Live-Konzerten auch an anderen Tagen geöffnet. Livemusikklub mit türkischen und internationalen Acts, von Türk Pop bis Funk auf vier Etagen mit Restaurant, in dem mediterrane Küche serviert wird.

Rock and Jazz made in Turkey – **Hayal Kahvesi:** ◼ **Karte 2, J 2,** Beyoğlu, Meşelik Sokak 10, Tel. 0212 245 10 48, www.hayalkahvesibeyoglu.com, Nost. Tram u. Metro M2: Taksim, tgl.

17–4 Uhr, Eintritt ca. 10 €. Traditionsreicher Musikklub, der 1992 erstmals seine Pforten öffnete. Türkische Acts sind hier jeden Abend zu hören. Das breit gefächerte Stilspektrum reicht von Rock bis Pop, von Jazz bis Soul und Tango. Besonders beliebte Bands treten regelmäßig einmal in der Woche auf. Gemütliche Atmosphäre. Hier geht es wirklich um Livemusik.

Ekstatisch und rauschhaft – **Peyote:** ◼ **Karte 2, H 2,** Beyoğlu, Kameriye Sokak 4, Tel. 0212 251 43 98, www. peyote.com.tr, Nost. Tram: Galatasaray. Auch wenn sich nicht bei jedem Besucher die psychogene Wirkung des Peyote-Kaktus allein durch übermäßigen Genuss von Elektronik-Musik einstellen mag: für Experimentelles und Besonderes aus den Bereichen Independent, Elektro und Turntablism ist der Club eine wichtige Adresse in Istanbul. Hier hört man Livemusik, von der man vorher gar nicht wusste, dass es sie gibt.

Bumm Bumm Bosporus – **Reina:** ■
Karte 4, F 2, Kuruçeşme, Muallim Naci Caddesi 44, Tel. 0212 259 59 19, www.reina.com.tr, Bus: Kuruçeşme, tgl. 19–4 Uhr (im Winter geschlossen), Eintritt am Wochenende 20 €, alle Kreditkarten. Für alle, die es richtig laut und teuer brauchen. Verbale Kommunikation unter den Geschlechtern ist unmöglich, aber sicher auch nicht gewünscht. Denn schließlich geht es um schwitzen-

de Körper in leichter Bekleidung, die unter der zuckenden Discokugel alles geben. Außer dem Sortie oder dem Blackk gleich nebenan ist die ›Königin‹ der Club-Diskotheken der Tummelplatz der Schönen, Reichen und hedonistischen *wanna be's* mit einem überteuerten Drink in der Hand.

Indie, Alternative, Rock – **Roxy:** ■
Karte 2, J 2, Taksim, Sıraselviler Caddesi, Aslan Yatağı Sokak 5, Tel. 0212 249 13 01, www.roxy.com.tr, Metro: Taksim, Di–Sa 20–4 Uhr, Eintritt am Wochenende 16 €. Das Roxy gibt es seit 1994 – eine lange Zeit, gemessen an den schnell wechselnden Ansprü-

›Grüne Tanne‹ auf Celluloid – Kino in Istanbul

Die legendären Yeşilçam-Filme der 1950er- bis 1960er-Jahre mit ihren ergreifenden Herz- und Schmerzproduktionen, aber auch billigen Trashfilmen mit einem Hang zu Sex & Crime haben unter Kinofreunden längst Kultstatus erreicht. Es ist immer wieder der gleiche Plot: Armer Junge und reiches Mädchen verlieben sich und finden trotz aller Widrigkeiten zueinander. Ganz in der Nähe zu den sagenumwobenen alten Filmateliers ›Grüne Tanne‹ (Yeşilçam), in denen noch in den späten 80er-Jahren abgehalfterte Arabesk-Sänger zu großen Leinwandmimen stilisiert wurden, liegen an der İstiklal Caddesi zahlreiche, schon historische Kinos, die sowohl Autorenfilme als auch Hollywood-Blockbuster anbieten, z. B. Alkazar oder Atlas. Von großem Vorteil für internationale Besucher ist, dass die Filme häufig in der Originalsprache mit türkischen Untertiteln zu sehen sind; im Zweifelsfall an der Kinokasse nachfragen! Auch die neuen Einkaufszentren verfügen über multiplexähnliche Kinos z. T. in futuristischer Kugelform (Kanyon) und ein nicht allzu überraschendes Programm: Schwarzenegger, Dolby, Popcorn und *büyük cola*.
Das jährlich im April stattfindende Filmfestival und das Erstarken des türkischen Autorenkinos beflügeln die Filmszene vor Ort. Die jüngere Regisseur-Generation schlägt wieder den Qualitätsbogen zu Größen des Autorenkinos wie Yılmaz Güney oder Erden Kıral, die in ihrer Zeit politisch hochbrisante, vielfach verbotene Filme gedreht haben. Zu nennen wäre hier z. B. Ömer Kızıltans »Takva« (›Gottesfurcht‹), 2006, der sich mit der Frage nach der Vereinbarkeit von strenger Religiosität und modernem Leben auseinandersetzt und von Shootingstar Fatih Akın produziert wurde. Nuri Bilge Ceylan dreht bildgewaltige Beziehungs- bzw. Familiendramen: »Iklimler« (›Jahreszeiten‹), 2006, oder »Üç maymun« (›Drei Affen‹) von 2008, »Kış Uykusu« (›Winterschlaf‹) von 2014, die u. a. in Cannes preisgekrönt wurden.

chen der Istanbuler Jugend. Jeden Freitag- und Samstagabend bilden sich lange Schlangen vor dem Eingang, an dem ein bulliger Türsteher die Kundschaft sortiert. Hier schwitzen noch ›echte‹ Musiker auf der Bühne und geben alles.

Irish Pub – **The James Joyce:** ■ **Karte 2, J 2,** Beyoğlu, İstiklal Caddesi, Balo Sokak 26, Tel. 0212 244 79 70, www.irishpubs.com, Nost. Tram: Galatasaray. Dies ist der erste und einzige wirklich ernst zu nehmende Irish Pub am Bosporus. Am Wochenende treten Folklore-Gruppen und Singer/Songwriter auf, die sich auf jede Menge Publikum einstellen können. Offenbar gelten Acts von der grünen Insel als trendy. Natürlich gibt es das obligate Guinness und etliche Whiskysorten – ausländische Getränke sind wegen der hohen Importzölle aber sehr teuer.

Bars und Szenelokale

Von Abba bis Zappa – **5. Kat:** ■ **Karte 2, K 2,** Cihangir, Sıraselviler Caddesi, Soğancı Sokak 3, Tel. 0212 293 37 74, www.5kat.com, Metro M2: Taksim, Mo–Fr 17–1, Sa, So 11–1 Uhr. Der Name bedeutet im Türkischen schlicht »5. Etage«, ›5. Kat‹ ist groß an die Hauswand gemalt, in vier Etagen residiert ein privates Kulturzentrum. Von oben hat man eine schöne Rundsicht über die Stadt. Das Bier ist frisch, die Speisen sind gut (exotische Küche); Jazz, Blues, Rock; manchmal live – mit einem Wort: Musik aus aller Welt.

Zum Wohlfühlen – **Privato Café:** ■ **Karte 2 südl. H 3,** Tünel, Galip Dede Cad., Tımarcı Sok. 3 B, Tel. 0212 293 20 55, www.privatocafe.com. Dieser Ruhepol mit Wohnzimmeratmosphäre

liegt in einer Seitengasse auf dem Weg vom Tünelplatz zum Galata-Turm. Man kann ein reichhaltiges, liebevoll angerichtetes anatolisches Frühstück zu sich nehmen, Spezialitäten aus der türkischen und georgischen Küche versuchen oder einfach bei einem Kaffee entspannen.

Multifunktional – **Zarifi:** ■ **Karte 2, J 2,** Taksim, Çukurlu Çeşme Sokak 13, Tel. 0212 293 54 80, www.zarifi.com.tr, Metro M2: Taksim, Mo–Do 20–2, Fr, Sa 20–4 Uhr. In einem luftig-stylish restaurierten Altbau mit Türsteher kann man an einem Abend alles haben: Drinks an der Backsteinbar, Vielvölkerküche der Türkei, heimische Livemusik, zu später Stunde dann DJ und Tanz, mitunter auch mit Bauchtanz. So viel Bespaßung hat allerdings ihren Preis.

Jazz- und Bluesclubs

Fein & virtuos – **JC's (Istanbul Jazz Center):** ■ **östl. N 1,** Ortaköy, Çırağan Caddesi/ Salhane Sokak 10, Tel. 0212 327 50 50, www.istanbuljazz.com, Deniz Otobüsü u. Bus: Ortaköy, Mo–Do Konzert ab 21.30 Uhr, Preise variieren je nach Künstler. Nach dem Ende des Q-Jazz Clubs nun die neue feine Adresse für Jazz-Freunde am Bosporus. Während im Nardis in Beyoğlu auch die lokale Szene zu ihrem Recht kommt, geben sich im JC's die Größen des Jazz-Business die Klinke in die Hand: Randy Brecker, Wynton Marsalis, Mike Stern oder Flora Purim. Da swingt und groovt es virtuos auf der Bühne – das musikalische Ergebnis ist aber selten wirklich überraschend. Für das interessierte Publikum werden an den Wochenenden auf Anfrage sogar Jazz-Seminare angeboten. Angeschlossen ist ein Restaurant (tgl. ab 19 Uhr, außer So).

Rauchen erwünscht: Nargile-Lokale

Nachdem die Rauchschwaden aus zahllosen Wasserpfeifen im **Tophane-Viertel** dem neuen Kreuzschiffhafen-Projekt Galataport weichen mussten, will auch der Gesundheitsminister dem Dampf in geschlossenen Räumen an die Gurgel. Dabei ist die Kunst, den teigartigen und feuchten Tabak über der Naturkohle zu entzünden und durch ein mit Wasser gefülltes Gefäß zu inhalieren, fast so alt wie der Orient selbst. Die Osmanen übernahmen diese Tradition nach der Eroberung Ägyptens an der Wende vom 15. zum 16. Jh. Trotz des Gesundheitsrisikos erfreut sich die lässige Beschäftigung, den Nachmittag im Liegen rauchend und schwadronierend zu verbringen, ungebrochener Beliebtheit. Einige Nargile-Lokale kann man heute noch im Umfeld der Istiklal finden. Die Original-Atmosphäre aber bietet nur **Erenler Nargile (■ Karte 3, G 7)** in der Çorlulu Ali Paşa Medrese, ein Ort der Entschleunigung, den es bereits gab, lange bevor die Wasserpfeifenmode auf breitere Kreise überschwappte.

Blues etcetera – **Mojo: ■ Karte 2, J 2**, Beyoğlu, Büyükparmakkapı Sokak 26, Tel. 0212 243 29 27, www.mojo beyoglu.com, tgl. 22–4 Uhr, Metro u. Nost. Tram: Taksim, Eintritt: Mi 7,50 €, Fr 10 €, Sa 12,50 €, sonst 5 €. Eine Bar mit Livemusik, auch während der Woche. Bluesliebhaber und Hipster aller Art sind hier richtig. Die Livemusik startet meistens erst ab Mitternacht. Mindestverzehr!

Jazz vom Feinsten – **Nardis Jazz Club: ■ H 4**, Galata, Kuledibi Sokak 14, Tel. 0212 244 63 27, www.nardis jazz.com, Nost. Tram: Tünel, Mo–Sa 20–1.30 Uhr, ca. 20 €. Seine unverputzten Backsteinwände geben dem Club etwas Raues und Ungeschliffenes. Gleichzeitig trägt der Stein aber auch zu einem intimen und gemütlichen Charakter eines der aktuell angesagtesten Jazz-Venues der Stadt bei. Die ehemalige Tischlerei wurde nach einem Titel von Miles Davis benannt. Es gibt eine kleine Abendkarte, und die Reservierung für einen Sitzplatz in der Nähe des musikalischen Geschehens ist immer ratsam.

Le dernier cri – **Tamirane: ■ Karte 6, C 2** Maslak, Ayazağa Caddesi 4 (Uniq Istanbul), www.tamirane.com, Metro M2: İTÜ Ayazağa, Mo–Fr 9–21, So 10–19.30 Uhr, Sa geschl., Konzerte 20 €, Essen 8–15 €. Ein neuer Hotspot für Freunde jazziger Livemusik in der neuen Shopping- und Freizeitoase Uniq Istanbul unterhalb des Geschäftsviertels Maslak. Angenehm unaufgeregter Einrichtungsstil und eine stilistische Fokussierung auf Lounge Jazz, Nu Jazz, Trip Hop oder Electro mit Bands und DJs. Man serviert mediterrane Küche mit moderner Note, Tapas für zwischendurch und viele fantasievolle Cocktails nach Hausrezept. Perfekte Unterhaltung.

Theater, Oper und Tanz

Staatliches Kulturangebot – **Atatürk Kültür Merkezi: ■ Karte 2, K 2**, İstanbul Devlet Opera ve Balesi, Taksim Meydanı, Tel. 0212 251 56 00, Metro u. Füniküler: Taksim. Aufführungen von Opern westlicher Komponisten und klassisches Ballett in einem Gebäude mit Architektur im International Style

Bauchtanz-Shows

Der Bauchtanz ist, wie sein türkischer Name *oryantal* andeutet, keine türkische Tradition, sondern stammt aus dem arabischen Kulturraum. Während er vielerorts – auch in Westeuropa – als sportliche Betätigung betrieben wird, dient er in Istanbul häufig zur Unterhaltung in Bars und Restaurants und wird fast ausschließlich für Touristen aufgeführt. Mögen diese Darbietungen durchaus kunstvoll sein, sind sie doch meist nur Anlass für überhöhte Getränkerechnungen. Sehenswert und seriös sind die Aufführungen im **Hodjapasha Dance Theater:** ■ **Karte 3, H 6,** Sirkeci, Hocapaşa Hamam Sokak 3B, Tel. 0212 511 46 26, www.hodjapasha.com, Derwische: 21 €, Rhythm of the Dance: 24 €.

aus den 1960er-Jahren. Momentan wird das Haus renoviert, Oper und Ballett residieren derzeit im **Kadıköy Süreyya Opera House,** Kadıköy, Bahariye Sokak 29, www.dobgm.gov.tr, einem Art-déco-Theater auf der asiatischen Seite.

Große Konzerte – **Cemal Reşit Rey Concert Hall (CRRKS):** ■ **nördl. K 1,** Harbiye, Darülbedayi Caddesi, Tel. 0212 232 98 30, www.crrks.org, Metro u. Fünüküler: Taksim. Karten auch über www.biletix.com. Nordöstlich des Taksim-Platzes liegt die städtische Konzerthalle, in der die Stars aus Klassik, Rock und Showgeschäft auftreten. Auch Konzerte mit traditioneller türkischer Kunstmusik finden hier statt. Bei 860 Plätzen bleibt kaum ein Kartenwunsch offen.

Open Air – Im Sommer finden große Konzertevents im **Harbiye Açık Hava Tiyatrosu, Galatasaray Stadion, dem Küçükçiftlik Parkı** oder der **Kuruçeşme Arena** mit Blick auf den Bosporus statt.

Schwul und lesbisch

GLBT – **Bigudi Café/Pub & Club:** ■ **Karte 2, J 2,** Mis Sokak 5, Tel. 0535 509 09 22, Metro M2: Taksim, Pub tgl. 14–2

Uhr, Club Mi, Fr–Sa 22–5 Uhr. Angesagtester Girls only-Club in Beyoğlu mit einem Café, in dem alle willkommen sind.

Online-Info – **LAMBDA Istanbul:** Tel. 0212 245 70 68 (nur Türkisch), www. lambdaistanbul.org. Auch wenn Menschen ihre Liebe zum eigenen Geschlecht – trotz diesbezüglicher jahrhundertelanger osmanischer Tradition – in Istanbul mittlerweile immer offener zeigen und leben können, die Zeiten der moralischen Repression sind noch lange nicht vorbei. Lambda ist eine erste Anlaufstelle für alle Fragen und Informationen rund ums Thema ›schwul & lesbisch‹ in der Türkei, wird aber auch immer wieder von konservativen Kreisen beobachtet. Englischsprache Infos gibt es unter: www.istanbulgay.com.

Frisch gestylt – **Sugar & Spice:** ■ **Karte 2, H 2,** Beyoğlu, Sakasalim Çıkmazı 3A, Tel. 0212 245 00 96, Mo–Fr 10–1, Sa, So 10–2 Uhr. Bistrot-Bar mit bunt gemischtem Publikum aus schrillen Partygängern wie auch sogenannten Normalen. Die Sackgasse vor der Bar wird nachts zur erweiterten Theke für einen Drink im Stehen.

Bauchtanz ist keine türkische Tradition, aber ein Touristenmagnet

Sprachführer Türkisch

Auch ohne türkische Sprachkenntnisse kommt man in Istanbul gut zurecht; fast alle, mit denen man als Tourist unmittelbar zu tun hat, sprechen zumindest Englisch, viele auch etwa Deutsch. Abseits der ›Touristenmeilen‹ braucht man jedoch einige türkische Sätze; oft gibt es aber ehemalige Gastarbeiter, die Deutsch können. Wichtig für die Verständigung ist die richtige Betonung. Fast immer wird auf der ersten Silbe betont und nicht auf der Wortmitte wie im Deutschen.

Aussprache

c wie dsch; cami (Moschee) = *dschami*

ç wie tsch; kaç (wie viel) = *katsch*

e wie ä; evet (ja) = *äwät*

ğ als Längung nach a, ı, o, u; dağ (Berg) = *daa*

– wie j nach e, i, ö, ü; değil (nicht) = *dejil*

h wie in Hans vor Vokal; wie ch in ›Macht‹ nach dunklem Vokal; bahçe (Garten) = *bachtsche*

– wie ch in ›ich‹ nach hellem Vokal; salih (fromm) = *salich*

ı wie das dumpfe e in laufen; halı (Teppich) = *hale*

j wie g in leger; plaj (Strand) = *plaasch*

s scharfes s wie in Masse; su (Wasser) = *ßu*

ş wie sch; şelale (Wasserfall) = *schelale*

v wie in Wut; ve (und) = *we*

– hinter a wie u; pilav (Reis) = *pilau*

y wie j in jeder; yol (Weg) = *jol*

z s wie in Rose; güzel (schön) = *güsel*

Begrüßung und Höflichkeit

Guten Tag!	İyi günler!
Guten Abend!	İyi akşamlar!
Auf Wiedersehen!	Allaha ısmarladık

(sagt der, der geht. Der, der bleibt, sagt: Güle, güle [letzte Silbe betont])

Hallo!	Merhaba!
ja / nein	evet / hayır
gut / schlecht	iyi / kötü
Bitte! / Bitte sehr!	Lütfen! / Buyurun!
Danke!	Teşekkürler!
Danke Ihnen!	Teşekkür ederim!
Entschuldigung!	Pardon!
Nichts, keine Ursache	bir şey değil
In Ordnung, okay	tamam
Freund	arkadaş (arkadasch)
mein Lieber / meine Liebe	canım (dschanem)

Reisen

Haltestelle	durak
Bus	otobüs
Fahrkarte	bilet
Hafen	liman
Schiff, Fähre	gemi
Auto	araba
Reifen	lastik
Eingang	giriş (girisch)
Ausgang	çıkış (tschekesch)
nach links / rechts	sola / sağa
geradeaus	dosdoğru
zurück	geri
Vorsicht	dikkat
Bank	banka
Post	postane
Kirche	kilise
Museum	müze
Strand	plaj (plaasch)
Brücke	köprü
Platz	meydan
geöffnet	açık
geschlossen	kapalı
es gibt	var
es gibt nicht	yok
groß	büyük
klein	küçük (kütschük)

Übernachten

Pension	pansiyon
Hotel	otel
Zimmer	oda
Dreibettzimmer	üç kişilik oda
Toilette	tuvalet
Dusche	duş (dusch)
Rechnung	hesap

Einkaufen

Supermarkt	süpermarket
Markt	pazar (basar)
Markthalle	çarşı (tscharsche)

Geld	para
Kreditkarte	kredi kartı
zu teuer	çok pahalı
drei Stück	üç tane (ütsch tanä)
zwei Kilo	iki kilo
genug	yeter

Notfall

Hilfe!	İmdat!
Hilfe	yardım (jardem)
Polizei	polis
Arzt	doktor
Krankenhaus	hastane
Apotheke	eczane (edschsane)
Unfall	kaza
Panne	arıza

Zeit

heute / morgen	bugün / yarın
morgens	sabahleyin
abends	akşamları
vor / nach	önce / sonra
früh / spät	erken / geç
Montag	pazartesi
Dienstag	salı

Mittwoch	çarşamba
Donnerstag	perşembe
Freitag	cuma (dschuma)
Samstag	cumartesi
Sonntag	pazar (pasar)

Zahlen

0	sıfır
1	bir
2	iki
3	üç
4	dört
5	beş
6	altı
7	yedi
8	sekiz
9	dokuz
10	on
11	on bir
12	on iki
13	on üç
14	on dört
15	on beş
16	on altı
17	on yedi
18	on sekiz
19	on dokuz
20	yirmi
21	yirmi bir
30	otuz
40	kırk
50	elli
60	altmış
70	yetmiş
80	seksen
90	doksan
100	yüz
500	beş yüz
1000	bin
10 000	on bin

Die wichtigsten Sätze

Allgemeines
Ich verstehe nicht. Anlamıyorum.
Wie heißen Sie? Adınız ne?
Ich heiße … ! Benim adım … !
Wie geht's? Nasılsın? (per Du)?
Sehr gut! Çok iyiyim!
Sprichst du Deutsch? Almanca biliyor musun?
Wie spät ist es? Saat kaç?

Notfall
Ich möchte telefonieren. Telefon açmak istiyorum.
Wo ist die nächste Apotheke? En yakın eczane nerede?

Unterwegs
Wo ist …? … nerede?
Welcher Bus geht nach …? …e (a) hangi otobüs gider?
Wann fährt der Bus ab? Otobüs ne zaman kalkar?
Bitte anhalten! Lütfen durun!

Ist das der Weg nach … ? Bu …e (-a) giden yol mu?
Wir haben es eilig! Acelimiz var!
Haben Sie ein freies Zimmer? Boş odanız var mı?

Einkaufen
Was wünschen Sie? Buyurunuz?
Ich möchte … … istiyorum!
Wie viel kostet das? Bu ne kadar?
Das ist teuer! Çok pahalı!

In der Bar
Gibt es (Bier)? (Bira) var mı?
Wo ist die Toilette? Tuvalet nerede?
Damen / Herren Bayan / Bay
Woher kommst Du? Nerelisin? (närälissin?)
Du siehst toll aus! Çok şıksın! (tschok schekssen)
Bist du verheiratet? Evli misin?
Lass das! Yapma!
Lassen Sie mich in Ruhe! Beni rahat bırakın!

Kulinarisches Lexikon

Frühstück (kahvaltı)

kahve *(kachve)*	Kaffee
çay *(tschai)*	Tee
şeker *(scheker)*	Zucker
türk kahvesi, orta	Mokka, mittelsüß
şekerli (schäkärli)	
ekmek	Brot
tereyağı *(tere'ja'e)*	Butter
reçel *(retschäl)*	Konfitüre
bal	Honig
peynir	Käse
sucuk *(ssudschuk)*	Wurst
yumurta (-lar)	Ei (-er)
sahanda yumurta	Spiegelei
hiyar, salatalık	Gurke
domates	Tomate
zeytin (-ler)	Olive (-n)

Suppen (çorbalar)

balık çorbası	Fischsuppe
düğün çorbası	›Hochzeitssuppe‹: Fleischbrühe mit Ei
ezme sebze çorbası	passierte Gemüse-suppe
güzel hanım çorbası	›Schöne-Frauen-Suppe‹ (mit Nudeln und Hackfleischbäll-chen)
işkembe çorbası	Kuttelsuppe
mercimek çorbası	Linsensuppe
yayla çorbası	Reissuppe mit Jogurt und Minze

Salate und Vorspeisen (mezeler)

antep ezmesi	scharfes Püree aus Tomaten u. Peperoni
arnavut ciğeri	gebratene Leber mit rohen Zwiebeln
cacık *(dschadschek)*	Jogurt mit Gurke und Dill
çerkez tavuğu	Paste aus Hühner-fleisch
çoban salatası	›Hirtensalat‹: Toma-ten, Gurken, Paprika
haydari	Püree aus Jogurt, Schafskäse, Kräutern
hummus	Kichererbsenpüree
imam bayıldı	›Der Imam fiel in

	Ohnmacht‹ – Auber-ginen in Olivenöl
koç yumurtası	gedünsteter Ham-melhoden
kokoreç	Innereienwürste
midye tava	Muscheln in der Pfanne
mücver	ausgebackene Puffer aus geraspelten Zuc-chini
patates	Kartoffeln
patates kızartması	Pommes frites
patlıcan ezmesi	Auberginenpüree
patlıcan kızartması	gebratene Aubergine
piyaz	weiße Bohnen in Essig und Öl
sigara böreği	gebackene Teigröll-chen mit Schafskäse
tarama	Fischrogencreme
yaprak dolması	gefüllte Weinblätter

Grillgerichte (ızgaralar)

adana kebap	Hackfleisch am Spieß gegrillt (scharf)
biftek	Beefsteak
bonfile	Filet
çöp şiş	kleine Fleischstücke auf Holzspießen
döner kebap	Fleisch vom Spieß
iskender kebabı	Döner auf Fladenbrot mit Jogurt
ızgara köfte	gegrillte Hackfleisch-bällchen
kuzu pirzolası	Lammkotelett
piliç ızgara	Hühnchen vom Rost
şiş kebap	Fleisch am Spieß

Schmorgerichte (sulu yemekler)

biber dolması	gefüllte Paprika
etli bamya	Okraschoten mit Lammfleisch
etli kağıt kebabı	Lammkebap in Pergamentpapier
fasulye pilaki	weiße Bohnen in Tomatensauce
güveç	Gemüse-Fleisch-Eintopf

İzmir köfte	Hackfleischbällchen mit Kartoffeln und Tomatensauce
musakka	Auberginen mit Hackfleisch
saç kavurma	auf dem Blech gegartes Lammfleisch
soğanlı yahni	Lamm mit Zwiebeln in Zimtsauce
tandır	im Tontopf gegartes Fleisch, meist Lamm
tas kebap	Rindfleisch mit Zwiebel, wie Gulasch
türlü	Fleisch mit Gemüse

Fisch und Meeresfrüchte

ahtapot	Oktopus
alabalık	Forelle
barbunya	Meerbarbe
çupra	Goldbrasse
istakoz	Languste
kalkan	Steinbutt
karides	Krevetten
kılıç balığı	Schwertfisch
levrek	Meerbarsch
midye	Muscheln
mercan	Rotbrasse
orfoz	Riesenbarsch
ton balığı	Tunfisch
uskumru	Makrele

Teiggerichte & Eierspeisen

gözleme	dünner Teig mit versch. Füllungen
ıspanaklı börek	Spinat in Blätterteig
lahmacun	türkische Pizza
mantı	türkische Ravioli, mit kalter Jogurtsauce

menemen	Rührei mit Zwiebeln, Tomate und Paprika
su böreği *(ssu börä'i)*	Nudelblätter mit Käsefüllung

Dessert (Tatlılar)

aşure	Trockenobst u. Nüsse in Zuckersauce
baklava	Blätterteig mit Nussfüllung in Sirup
dondurma	Speiseeis
helva	türkischer Honig
kadayıf	süße Fadennudeln
lokma	Brandteigbällchen in Sirup
lokum	Geleekonfekt in vielen Sorten
muhallebi	Milchspeisen
revani	Grießkuchen
sütlaç	Reismehlpudding

Obst (meyve)

elma	Apfel
erik	Pflaume
karpuz *(karpus)*	Wassermelone
kavun	Honigmelone
kayısı *(kajesse)*	Aprikose
muz *(mus)*	Banane
portakal	Orange
şeftali *(schäftali)*	Pfirsich
üzüm *(üsüm)*	Weintraube
kiraz	Süßkirsche

Getränke

bira	Bier
şarap *(scharap)*	Wein
süt	Milch
su	Wasser
portakalsuyu	Orangensaft

Im Restaurant

Die Speisekarte, bitte. Menü, lüften.
Ich möchte … İstiyorum …
Ich hätte gern Wasser! Su istemiştim!
Bitte eine Flasche Wein! Bir şişe şarap, lütfen!
Nicht scharf! Acı olmasın *(adsche olmassen)*
Guten Appetit! Afiyet olsun!
Zahlen, bitte! Hesap, lütfen!
Prost! Şerefe! *(schäräfä)*

Messer / Gabel bıçak / çatal
Löffel kaşık
Teller tabak
Serviette peçete
Glas bardak
Flasche şişe *(schischä)*
Brot ekmek
Salz / Pfeffer tuz / biber
eine Portion bir porsiyon
heiß / kalt sıcak / soğuk

Register

Register

119

Autoren | Abbildungsnachweis | Impressum

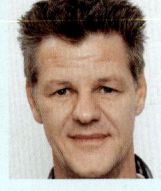

Unterwegs mit Peter Daners und Volker Ohl

Als Studenten der Archäologie und der Kunstgeschichte bereisten Peter Daners (li.) und Volker Ohl die Türkei. Beeindruckt von der kulturhistorischen Bedeutung Anatoliens veröffentlichten sie später u. a. einen Reiseführer über Kappadokien und wurden Mitautoren des Bandes »DuMont Reise-Handbuch Türkei«. Istanbul geriet dabei immer besonders in den Blick: Eine faszinierende Metropole, die sich immer wieder neu erfindet, und für die sich die beiden auch nach ungezählten Besuchen immer noch begeistern. Peter Daners leitet die Bildung und Vermittlung am Museum Folkwang in Essen; Volker Ohl lebt als freier Autor, Fotograf und Webdesigner in Bonn. Dieses Buch ist ihren Kindern Clara und Nils gewidmet.

Abbildungsnachweis

Peter Daners, Stuttgart: S. 120
iStock: S. 82 (airportrait)
laif, Köln: Titelbild (Boening/Zenit); S. 7 (Harscher); 15, 26/27 (hemis.fr/ Dozier); 90 (hemis.fr/Frilet); 4/5, 54, 60 (hemis.fr/Gardel); Umschlagrückseite, 72, 75 (hemis.fr/Morandi); 67, 86 (hemis.fr/Rabouan/); 51, 59 (hemis.fr/Rieger); 35, 100 (hemis.fr/ Seux); Umschlagklappe vorn (Knoll); 84/85 (Narphotos/Szegin); 63 (Pozzolo/Contrasto), 28 (Schliack); 89 (Siemers); 95 (TOP/Sudrès); 43, 96/97, 98 (Tophoven); 10, 30, 32, 38, 46, 56, 78/79, 106 (Türemiş); 104, 111 (Zimbardo)
Volker Ohl, Bonn: S. 69, 120
Murat Türemiş, Berlin: S. 9, 52

Kartografie

DuMont Reisekartografie, Fürstenfeldbruck, © DuMont Reiseverlag, Ostfildern

Umschlagfotos

Titelbild: Blick auf die Moschee Yeni Camii zur Blauen Stunde
Umschlagklappe vorn: Im Hof der Sultan Ahmet-Moschee (›Blaue Moschee‹)

Hinweis: Autoren und Verlag haben alle Informationen mit größtmöglicher Sorgfalt geprüft. Gleichwohl sind Fehler nicht vollständig auszuschließen. Alle Angaben erfolgen ohne Gewähr. Bitte schreiben Sie uns! Über Ihre Rückmeldung zum Buch und Verbesserungsvorschläge freuen sich Autoren und Verlag:
DuMont Reiseverlag, Postfach 3151, 73751 Ostfildern,
info@dumontreise.de, www.dumontreise.de

3., aktualisierte Auflage 2015
© DuMont Reiseverlag, Ostfildern
Alle Rechte vorbehalten
Redaktion/Lektorat: Hans E. Latzke, Doreen Reeck
Grafisches Konzept: Groschwitz/Blachnierek, Hamburg
Printed in China

FSC
www.fsc.org
100%
From well-managed forests
FSC® C021256

Zu Gast in Istanbul

3

Hoşgeldiniz – Willkommen
Unser heimliches Wahrzeichen